TRANSTORNOS BORDERLINE E ESTADOS PSICÓTICOS

Blucher

TRANSTORNOS BORDERLINE E ESTADOS PSICÓTICOS

Narrativas psicanalíticas

Organizadoras

Marisa Pelella Mélega

Aparecida Malandrin Andriatte

Transtornos borderline e estados psicóticos: narrativas psicanalíticas

Editora Edgard Blücher Ltda.

Publisher Edgard Blücher
Editores Eduardo Blücher e Jonatas Eliakim
Coordenação editorial Andressa Lira
Produção editorial Kedma Marques
Diagramação Thaís Pereira
Revisão de texto Bárbara Waida
Capa Laércio Flenic
Imagem da capa Ondas encrespadas, de Ogata Kōrin (japonês, 1658/1716). Período Edo. Data ca. 1704–9.

Blucher

Rua Pedroso Alvarenga, 1245, 4° andar
04531-934 – São Paulo – SP – Brasil
Tel.: 55 11 3078-5366
contato@blucher.com.br
www.blucher.com.br

Segundo o Novo Acordo Ortográfico, conforme 6. ed. do *Vocabulário Ortográfico da Língua Portuguesa*, Academia Brasileira de Letras, julho de 2021.

Dados Internacionais de Catalogação
na Publicação (CIP)
Angélica Ilacqua CRB-8/7057

Transtornos borderline e estados psicóticos: narrativas psicanalíticas / organizado por Marisa Pelella Mélega, Aparecida Malandrin Andriatte. – São Paulo: Blucher, 2023.

p. 222

Bibliografia

ISBN 978-65-5506-734-7

1. Psicanálise 2. Psicanálise – Estudo de casos 3. Distúrbios da personalidade borderline 4. Psicoses I. Mélega, Marisa Pelella II. Andriatte, Aparecida Maladrin

23-1809 CDD 150.195

Índices para catálogo sistemático:
1. Psicanálise

Prefácio[1]

Antonello Correale

Este livro é fruto de um grupo de trabalho que funcionou na Sociedade Brasileira de Psicanálise de São Paulo por vários anos, com o objetivo de aprofundar semelhanças e diferenças entre o distúrbio borderline e os estados psicóticos.

O método de trabalho do grupo, coordenado por Marisa P. Mélega, está centrado na clínica: são narrados oito casos[2] de pacientes com patologia borderline e psicótica e de pacientes com ataques de pânico nos quais foi encontrado um núcleo psicótico.

O livro tem dois méritos fundamentais.

O primeiro, como já disse, é a apresentação da clínica psicanalítica. São narradas com detalhes sessões com diálogos que demostram o modo de trabalhar do analista e a vivacidade da interação. Insisto que este mérito é grande, o de apresentar e não discursar.

1 Tradução de Marisa Pelella Mélega.

2 Foram publicados oito casos na edição italiana e sete casos na edição brasileira.

A análise é mostrada passo a passo, sem "embelezamentos" ou idealizações, e o leitor se sente incluído ao entrar em contato com mundos devastados, furiosos, e vive as angústias, o cansaço e o terror das sessões analíticas. É preciso coragem para se expor, e essa coragem é reconhecida nos autores que aceitaram generosamente esta exposição.

O outro mérito é a utilização de várias teorias, entre estas as de Green, Meltzer, Bion e Winnicott.

Contudo, é significativo que a aproximação entre várias teorias não resulte num ecletismo indiferenciado. Ao contrário, parece iluminar as diferenças e fazer emergir os núcleos essenciais das várias teorias, dando então a possibilidade de uma utilização mais precisa.

Entre os vários pontos importantes, gostaria de citar um que diz respeito à diferença entre psicose e borderline. Ambas as patologias derivam de uma catástrofe das funções de continência do pensamento. Os pensamentos se fragmentam, às vezes se "liquefazem" em uma emoção indiferenciada e potente, e surgem angústias de aniquilamento e de morte física e psíquica.

Mas, na psicose, a mudança catastrófica evolui para a construção de um mundo metafísico, eterno, sobrenatural, habitado por deuses e demônios, sem tempo, e em um espaço imenso e ilimitado. Ou então leva a refugiar-se em um mundo fechado e asfixiante, o *claustrum* de Meltzer, mas potente e mágico, até mesmo sagrado, por seu fechamento e sua intangibilidade.

No borderline, porém, não se constrói um outro mundo. O mundo permanece humano, habitado por homens e mulheres, mas se tornou um mundo em guerra perene, onde somente a briga e o desencontro predominam e onde a única alternativa é a identificação com o agressor e com o agredido.

Em ambas as patologias, borderline e psicose, mesmo tão diversas entre si, a função analítica consegue gradualmente diminuir a angústia catastrófica de base, à medida que o analista vai se aproximando lentamente, mas com decisão. Assim, o gradual redimensionamento leva a diminuir e atenuar a tendência ao delírio na psicose ou ao *acting* impulsivo no borderline.

Conteúdo

Introdução

Este livro, que já foi publicado na Itália em 2016 sob o título *Narrazioni psicoanalitiche-disturbi borderline e stati psicotici*, coordenado por Marisa P. Mélega, é fruto de um grupo de estudos e seminários eletivos na Sociedade Brasileira de Psicanálise de São Paulo (SBPSP), entre 2008 e 2014, com objetivo de aprofundar as origens de duas patologias: a psicose e os transtornos borderline. Para tal, nos materiais clínicos dos participantes, buscamos fazer teorizações a partir de referências teóricas de Antonello Correale, André Green e Donald Meltzer.

As narrativas aqui apresentadas introduzem o leitor na intimidade do processo analítico para ir seguindo as dificuldades do analista ao trabalhar com tais pacientes. A patologia borderline foi descrita há tempos em psiquiatria, para indicar perturbações sérias ou diagnósticos incertos. Durante a Conferência Internacional sobre Desordens Borderline (1976), tentou-se definir o conceito de borderline junto com pesquisadores de genética, desenvolvimento infantil e dinâmica familiar.

Constatamos, com surpresa, que neste encontro foi dada uma visão intrapsíquica das desordens, não se limitando a descrições de comportamentos, mas não foi possível encontrar as origens dos distúrbios borderline, por ter-se apresentado à discussão uma multiplicidade de quadros clínicos.

Lembramos que nesta época o mundo psicanalítico já conhecia *"Uma teoria sobre o processo de pensar"*, de W. Bion (1962/1967), as contribuições sobre a formação psíquica inicial de Esther Bick (1950) e vários outros estudos após Freud e M. Klein.

Em 2010, Otto Kernberg, durante uma entrevista realizada em Barcelona, delimitou três aspectos principais da personalidade borderline:

1. A falta de integração da personalidade pela ausência do conceito de si mesmo e das personalidades mais significativas;
2. O uso de mecanismos primitivos de defesa;
3. A presença de senso de realidade, que distingue distúrbio borderline de psicose.

As leituras desses autores possibilitaram um aprofundamento da compreensão de estruturas patológicas originadas na primeira infância e suas consequências ao permanecerem na vida adulta.

O nosso "fazer clínico" está fundado na observação e na descrição dos fenômenos que emergem durante a sessão analítica e busca, junto com o paciente, o significado do que se observou na interação. Esse "fazer clínico" tem como referência as contribuições de Klein, Bion e Meltzer.

Em seu texto "Estado limítrofe e transtorno *borderline*: diferenças e semelhanças. A difícil questão do *núcleo psicótico*", Antonello Correale (2013/2017) enfrenta o conceito de "estado-limite" desenvolvido por Green e utilizado pelos psicanalistas franceses. Sintetiza esse conceito como uma área mental indeterminada, fluida, quase líquida, na qual o excesso de *acting* e de somatizações determinaria uma perda substancial de sua capacidade de pensar – entendendo com o termo pensar a capacidade de formular representações para os próprios desejos, impulsos e paixões. Essa definição de "estado-limite" está baseada predominantemente sobre o tema do pensamento.

André Green assinala que a palavra "limite", cujo sentido está na palavra inglesa "borderline", é usada para caracterizar pacientes que não se enquadram nas categorias tradicionais da psiquiatria e da terminologia freudiana. Ele propõe considerar o limite como objeto de teorização para examinar os casos "borderline" sem proceder a uma generalização dos dois lados de tal fronteira, ou seja, a neurose e a psicose.

Green observa que tal limite não seria uma linha reta, e sim um vasto território sem separação nítida entre sanidade e insanidade.

Tomando como referência a clínica, Green considera que os casos-limite mais próximos à neurose são os que permitem uma melhor compreensão, pois são mais acessíveis a uma investigação profunda. Por outro lado, a comparação com os casos mais próximos à psicose permite esclarecer o desenvolvimento de suas relações com a neurose e aclara os mecanismos psicóticos, cujo entendimento é ofuscado pela maior organização do ego.

A segunda tendência de investigação dos casos "borderline" segue a linha inglesa e americana e, desta, Gunderson (1984) é o pesquisador mais representativo. É opinião de Correale que esta seja atualmente a tendência principal da psiquiatria e da psicanálise. De acordo com essa concepção, não existe o "estado-limite" como afirma Green, mas apenas um distúrbio borderline da personalidade. Um aspecto fundamental dessa concepção é o papel do trauma.

Correale propôs essa tendência já no trabalho citado, assinalando como continua não resolvida a questão da relação entre "estado-limite" e distúrbio "borderline". Ele sustenta que o distúrbio seja um modo de delimitar, no quadro conceitual oferecido pelo conceito de "estado-limite", um tipo mais preciso e reconhecível de distúrbio utilizando o conceito de trauma como chave de leitura, um fio condutor do discurso e da investigação. O distúrbio "borderline" seria distinto da psicose, enquanto em certos quadros clínicos, como os descritos por Green, o núcleo psicótico tem papel importante.

Meu encontro pessoal com Correale e com seus textos me impressionou pela grande experiência clínica desse autor com tais patologias e pelas interessantes reflexões que reporta. Em nossos seminários, lemos e traduzimos alguns de seus trabalhos (vide referências).

Em seu trabalho *Memória implícita, área traumática e schemi emozionali: aspetti psicopatologici e implicazioni cliniche* (2006), ele afirma que o distúrbio "borderline" representa muito eficazmente o tema do trauma na maior parte da vida psíquica, talvez mais que qualquer outro distúrbio de caráter.

Para Correale, o trauma é definido pelas consequências sobre a vida psíquica, pelo efeito de dissociar a situação emocional daquela cognitiva e criar um vazio de representação momentâneo substituído por um cheio emocional. Então, a vicissitude traumática teria a capacidade de desativar as funções representativas da mente, ativando exageradamente as funções emocionais.

Os estados borderline e psicóticos descritos nas contribuições reunidas por Meltzer (1992/1994) em seu livro *The Claustrum* tem seu ponto de saída em seu original trabalho "A masturbação anal e sua relação com a identificação projetiva" (1966). Meltzer desenvolve a partir de sua experiência clínica o conceito de identificação projetiva nos objetos internos, e entre estes o objeto por excelência é a mãe interna com sua estrutura compartimentalizada. Meltzer define o desenvolvimento da mente como um processo maturativo natural desde que estejam presentes os processos normais da identificação projetiva. Mas, se estão presentes processos patológicos de identificação projetiva intrusiva no objeto interno, estamos no *claustrum*, e a vida se desenvolve dentro do espaço interno materno, construída pela fantasia inconsciente infantil antagônica aos pais, intrusiva e tornada onipotente pela atividade masturbatória, que sabe, que conhece o interior do objeto, portanto, é onisciente. É um conhecimento que se diferencia da concepção do interior do corpo materno, criada pela imaginação a partir das experiências com o objeto materno.

Com base em sua experiência clínica com adultos e crianças, e com "borderline" e psicóticos, Meltzer construiu um modelo de mente – partindo de Freud, Abraham, Klein e Bion – no qual a dimensão geográfica é central (1992/1994, p. 61) e é circundada por mundos diversos nos quais se produz a experiência mental: o mundo externo, o útero, o interior dos objetos externos, o interior dos objetos internos, o mundo interno e o sistema delirante, o não lugar que não tem vínculos estruturais ou dinâmicos com os outros mundos, e não pertence à realidade psíquica. Essa realidade vai sendo construída por meio da experiência emocional (Bion) e equivale ao crescimento da mente simbólica, por meio da formação de símbolos do indivíduo e da introjeção de símbolos recebidos.

O sistema delirante se constrói a partir de formações simbólicas "falhas", que correspondem aos elementos beta com vestígios de ego e superego, produtos da função alpha invertida: são os objetos bizarros (Bion) e os delírios.

A descrição fenomenológica e estrutural do mundo claustrofóbico procede do trabalho analítico com crianças psicóticas, com *breakdowns* psicóticos na adolescência e também com o início da análise de pessoas aparentemente normais que buscam a análise por motivos profissionais. Meltzer avalia que a identificação projetiva no objeto interno é um fenômeno ubíquo na primeira infância, que se manifesta principalmente durante os conflitos durante os processos excretores e é seguido de fantasias masturbatórias de penetração, principalmente anal.

No caso de persistência de uma parte infantil no objeto interno, se produzem apenas sintomas claustrofóbicos e agorafóbicos e traços maníaco-depressivos no caráter da pessoa. Mas, se essa parte do objeto interno assume o controle da consciência, então teremos modificações notáveis: o mundo externo resulta dominado por uma atmosfera claustrofóbica (no trabalho, nos transportes coletivos, nos elevadores etc.) e há uma sensação de catástrofe iminente.

A parte da personalidade que vive no *claustrum* não consegue se desenvolver (por falta de experiências emocionais que levariam à produção de símbolos e ao crescimento da mente simbólica) e tem duas saídas: ou sai para o mundo das relações e dos vínculos emocionais, ou sai expulsa da realidade psíquica, o *nowhere,* o não lugar do mundo delirante.

Nesta atmosfera, a sobrevivência é o valor principal e a expulsão é sentida como "terror sem nome". A persecutoriedade é maior quando parte do *self* habita o comportamento retal do objeto interno (os outros comportamentos são o genital e o cabeça-peito).

Um outro sentimento de quem vive no mundo claustrofóbico é o de sentir-se intruso, sempre com medo de ser descoberto. A sinceridade das interações é impossível, e por isso não se criam verdadeiros vínculos emocionais, ou se ocorrem, não conseguem ser pensados. E no lugar são geradas "histórias ou conjecturas" para impedir que se pense. Então, a formação autônoma dos símbolos não acontece, não há pensamento onírico, apenas aquisição de símbolos da cultura.

Essa é a experiência da personalidade no *claustrum*, segundo Meltzer, mas nunca a totalidade da personalidade estará no *claustrum*, mesmo no "borderline" e no psicótico, pois a vivência clínica mostra que sempre haverá partes da personalidade que estarão fora do *claustrum*.

Esta introdução visa esclarecer o marco teórico que usei durante os seminários sobre *claustrum* e que nos orientou para a revisão de cada caso clínico que faz parte deste livro.

Marisa Pelella Mélega

1. Caso Marie

Transtornos de ataques de pânico

Pacientes que vem à primeira consulta com sintomas de pânico têm aumentado e se situam no limite entre a psiquiatria e a psicanálise. A psiquiatria ajuda tais pacientes com terapia farmacológica, e com alguma frequência consegue resultados mais imediatos que as terapias psicológicas. No entanto, estou convencida de que somente a ciência psicanalítica tem os instrumentos para compreender a intimidade de tais síndromes.

Donald Meltzer descreveu uma particular configuração encontrada em pacientes que apresentam pânico, claustrofobia, rituais e outros que denominou *claustrum*. Nesses pacientes atuam processos de identificação projetiva intrusiva nos objetos do mundo interno, que serão detalhados mais adiante. Durante uma supervisão com Meltzer em Oxford, em 1991, as hipóteses propostas por ele acerca deste caso clínico possibilitaram que eu compreendesse o mundo de Marie e me forneceram instrumentos para continuar sua análise.

Marie, ao me procurar tinha trinta e dois anos, conta na primeira entrevista que sofria há dois anos de "ataques de pânico". Diz que só consegue sair de casa acompanhada e de carro, mesmo para percursos breves. Preocupa-se excessivamente com sua saúde, um sintoma qualquer é transformado em câncer ou aids; sente-se constantemente ameaçada de morte, se defende fechando-se em casa e praticando rituais.

Marie conta em seguida um episódio da primeira infância. Seus pais, ela e a irmã passaram seis meses na Europa quando o pai ganhou uma bolsa de estudos. Nessa ocasião, os pais precisaram passar quinze dias na França, e deixaram Marie, então com dois anos e meio, e a irmã, com um ano e meio, em uma instituição de freiras francesas na Suíça. Esse fato foi muito traumático para Marie. A paciente conclui a entrevista dizendo que a análise é sua última esperança, embora tenha dúvidas quanto à sua eficácia. Diz, também, que já fez uma psicoterapia, uma vez por semana, durante oito anos.

Iniciamos uma análise quatro vezes por semana.

A paciente começou descrevendo seus estados de pânico e suas preocupações obsessivas, demostrando grande capacidade verbal e dizendo saber tudo sobre seus sintomas, mas que não consegue mudar nada.

Aos poucos fui percebendo que o que parecia um comportamento de colaboração com o nosso trabalho era, na verdade, um modo de Marie me manter distante, tratando-me como uma "entidade médica" que poderia "curá-la" se ficasse bem-informada sobre o que ela vivia. Não havia uma relação de intimidade entre nós duas.

Minhas intervenções transferenciais eram sentidas como inadequadas e, às vezes, ela respondia com irritação, pois as via como indagatórias e intrusivas. Eram a prova de que eu não acreditava no que ela me dizia.

Durante a supervisão com Meltzer sobre Marie, ele expôs algumas hipóteses acerca de pacientes com tais sintomas que estava publicando em seu livro *The Claustrum* (1992/1994). Nele, Meltzer descreve a particular configuração que denominou *claustrum*. É uma configuração na qual há um processo de identificação projetiva intrusiva nos objetos do mundo interno do próprio indivíduo. Meltzer comentou que o pânico de Marie seria o passado presentificado, incapaz de ser digerido, incapaz de ser pensado. O que é fundamental a ser visto e mostrado, ele disse, é que ela está num mundo fechado, claustrofóbico, ela vê o mundo externo como perigoso, mas na verdade aquilo que acha ser o mundo externo é um outro compartimento do mundo em que está vivendo na fantasia... Então, com pacientes com tais características o analista precisa descrever o mundo em que eles vivem, tentando desvincular a parte sadia da personalidade da parte que está em identificação projetiva intrusiva no objeto interno, em que, a arrogância e onipotência dá a esses pacientes uma aparência de pseudomaturidade. Interpretar a transferência, quando essa configuração está presente, tem um efeito negativo porque parece ser um pedido insistente do analista para ter maior intimidade. A relação se torna uma análise quando é possível encontrar a "criança perdida" no paciente, e é isso que vai permitir uma relação de intimidade.

A sintomatologia claustrofóbica, também chamada de "síndrome do pânico", corresponde a uma personalidade pseudomadura, conceito que está em consonância com o conceito de "falso *self*" de Winnicott.

Enquanto predomina no paciente a fantasia inconsciente de identificação projetiva no objeto interno, o *self que se encontra aprisionado* tem um comportamento essencialmente de denegrir, como podemos ver nesse trecho de uma sessão de Marie após um ano de análise: ela diz ter lido que "as fobias não têm cura, só as medicações podem ajudar um pouco". As análises não as resolvem, as fobias não diminuem, e ela não consegue sair de casa. Continua em prisão domiciliar.

Meltzer acrescentou nesta supervisão que é essencial mostrar-lhe que ela está aprisionada dentro do objeto e que o analista pode entrar e sair porque não vive no mesmo mundo que ela, vive no mundo externo. A transferência infantil surge e se manifesta nas ocasiões das separações. Quando a "parte criança sai do *claustrum*" e entra em contato com o analista, "volta correndo" para dentro do objeto interno quando ocorrem as separações analíticas, pelo sofrimento de não se sentir preparada para enfrentar experiências emocionais.

Esse movimento de "voltar correndo" para dentro do objeto pode ser visto após dezoito meses de análise. Marie passou a me escutar e a não atacar com veemência aquilo que eu lhe dizia. Diminuía a desconfiança no processo de análise. Em uma sexta-feira pela manhã, ao final de uma semana analítica que transcorreu de segunda a quinta-feira, recebi um telefonema me pedindo uma sessão extra, pois ela não havia dormido, estava sentindo pânico de morrer e havia vomitado. Ofereço-lhe uma sessão e ela se tranquiliza.

Na sessão seguinte, segunda-feira, ela me ataca por não lhe ter dado o número do telefone de minha casa (que ela nem mesmo me pedira). Disse que eu não queria ser incomodada durante o fim de semana, e que não me importei em saber como ela estaria.

Na sessão seguinte – terça-feira – me comunica que se sente melhor ali comigo; mais calma, informa que leu seu diário de quando tinha treze anos e constatou que tinha fobias desde então. Pudemos dessa forma conversar para compreender algo sobre suas "crises de pânico" e associá-las com o pânico que experimenta quando não se sente capaz de se manter em contato com suas experiências emocionais.

Início da análise

Sessão de 21 de agosto de 1990

Paciente: Hoje tive angústia. Ontem, de repente, assistindo TV, tive falta de ar, sem ter feito nenhum esforço, e também um pouco de colite...

Analista: (Falo sobre sua vida imaginativa.) Você não percebe, mas mesmo sem se dar conta age, e isso tem efeitos até sobre seu corpo.

Ela conta um pesadelo:

Paciente: Estou na casa de minha avó (onde ela já morou uns oito meses quando voltou de viagem dos Estados Unidos com a família), tudo escuro, feio, e havia uma ameaça de invasão... Fora, na frente da casa, uns moleques de bicicleta... Quis gritar para espantá-los e a voz não saía. Estou ocupada em juntar meus pertences... Parece que meu pai entra pelos fundos da casa... Não sei se havia uma empregada... E lá pelas tantas, animais vão saindo pelos fundos, como patos, marrecos, eu continuo ameaçada.

A paciente faz associações falando que está angustiada, talvez com a proximidade da separação (eu iria me afastar por vinte dias).

Analista: No sonho você aparenta estar vivendo a aproximação da separação... parece ter que se mudar do lugar da análise para um lugar fechado (a fantasia inconsciente de se esconder dentro do objeto interno, o *claustrum*), mas não seguro, e escuro (a falta de ar de que se queixa), com seus pertences que, no sonho, são um rádio, bolsa etc. Você está tentando juntar seus "pertences emocionais" e ainda não está segura de que são seus... e você sente que ficarão comigo quando nos separarmos? (Ela escuta.)

Comentário

Eu penso que no sonho Marie sente a ameaça vinda do mundo externo (crianças de bicicleta = vida pessoal da analista?). Quem a afasta da sua análise? Ela não toca nesse assunto comigo. Não "sai a voz" para falar do presente...

Sessão de 30 de abril de 1990[1]

Antes de se deitar no divã...

Paciente: (Antes de se deitar no divã.) Queria me desculpar que hoje deveria estar acertando (refere-se aos honorários), mas não é possível, e eu fico envergonhada de dizer, mas... até quinta ou sexta-feira vou conseguir.

Analista: (Sou tomada de surpresa esperando uma declaração grave do tipo: "Não vou poder vir mais...".) As oscilações fazem parte, vejo que queria muito me pagar para me compensar da sessão de hoje... (É um semiferiado, mas eu trabalhei com todos os pacientes.)

Paciente: Minha mãe ficou comigo, meu pai foi para o litoral com minha irmã... estou mais tranquila... embora me sinta um pouco envergonhada... culpada de ela ter ficado.

Comento sobre o medo de ela exercer controle sobre mim, como se a estivesse atendendo por ela me controlar... Ela não percebe essa fantasia, parece estar distante...

Lembra então de dois sonhos. O primeiro, de sábado para domingo:

---

1 As sessões de 30 de abril de 1990 e de 17 de julho de 1990 foram lidas para Meltzer em 1991.

Paciente: Do outro lado da rua, vejo uma igreja, uma festa, música, e então penso em atravessar... Me vejo lá dentro e há um pastor, um homem, e penso que vou dançar com ele, mas quem me tira é uma mulher gorda, horrível, e eu penso... dançar com esta? Dou a desculpa de que preciso ir, porque o nenê está chorando, e saio correndo para minha casa... A porta é velha com um trinco meio enferrujado, meio solto... e eu fecho bem para impedir a gorda de entrar... Lá dentro da casa está um tio meu, horrível, de quem sempre tive medo... e meu pai e minha irmã brigando (coisa que nunca acontece na vida real), e ela me diz para ficar calma, que eu não tenho culpa do que está acontecendo...

O segundo sonho, de domingo para segunda-feira:

Paciente: Eu estava na rua com um grupo de colegas da faculdade. Eu com pressa de voltar para casa... Tinha que tomar táxi, mas não passava, pensamos em ônibus – será que aguento? Andamos pela avenida S. A., mas de repente fica interrompida, e há uns canos enormes, e um desvio, e fica tudo escuro, e no desvio havia montanhas de gente morta e morrendo de uma doença... Penso em não passar por lá para não ser contaminada, mas já estou lá, então prossigo... sempre correndo, tudo bem apressado pela angústia de não dar tempo...

Nesta sessão Marie lembra de outro sonho:

Paciente: Estou no supermercado pegando uma caneta para assinar meu nome, e neste momento sou flagrada como que roubando a caneta; não sei como provar que não estava roubando, mas somente estava usando a caneta para assinar o meu nome.

Nos sonhos desta semana aparecem conteúdos inesperados, mas atuados na transferência.

Durante a sessão de 17 de julho de 1990, terça-feira, ela me conta o seguinte sonho:

Paciente: Em uma escola (sempre escura, feia, lugar fechado) faço como se fosse um super-herói, uma "Mulher Maravilha"; faço chover... cai chuva fina, todos aplaudem... minha mãe não dá atenção, como se aquilo não significasse nada para ela...

Analista: Você parece me sentir como se eu a criticasse por não poder usar seus recursos, pelo medo de aparecerem suas emoções...

Marie se lembra então de sonhos que tivera durante a semana e até os havia escrito, passando a contá-los:

Paciente:

1) Um escorpião está dentro do sofá onde me deito...

2) Abro uma torneira e sai um rato.

3) Não lembro por qual razão, mas aparece minha mãe me dando bronca.

Comentário

O aporte que Meltzer trouxe ao caso é o de que predomina o uso da identificação projetiva com confusão entre o *self* e o objeto interno, e o pensamento é concreto. Usando a teoria do pensar de Bion (1962/1967), entendemos que Marie não pode transformar suas experiências sensoriais e emocionais em elementos alfa e em símbolos. A hipótese é que Marie introjetou uma relação continente-contido incapaz de conter a ansiedade e de criar um espaço mental no qual os elementos das experiências emocionais e as percepções possam ser transformados em significado. Marie apresenta defesas contra o sofrimento mental em que há manutenção do conflito em vez de trabalho do conflito com resolução do sofrimento mental.

Primeira semana de julho de 1990

Marie desfere ataques violentos aos resultados, que, segundo ela, são "nulos" em relação à sua análise! A paciente refere que na sessão passada leu uma notícia no jornal dizendo que fobia não tem cura, só há remédios e que estes ajudam um pouco...

Paciente: Não adianta nada, não tem adiantado, as fobias estão iguais, não posso sair, estou presa etc.

Encontro-me em uma posição de ter que defendê-la dos ataques que ela faz, sinto-me exausta. Contudo, simultaneamente, concentro-me na energia que eu tenho que ter enquanto luto com a vontade de dizer-lhe: se a análise não adianta, por que está vindo, então?

Comentário

Nas sessões de Marie, me vejo precisando descobrir a experiência emocional que ela é incapaz de sonhar e sonhá-la por ela. Para tal, é preciso que minhas condições para *rêverie* se aprofundem e que eu seja capaz de emprestar minha função alfa?

Sessão de 17 de agosto de 1990

Paciente: Não tenho muita coisa... não sei... deixa eu ver... Preocupada, como sempre, com o caroço do meu irmão, a saúde dele, e minha cunhada grávida, e a confecção dele não vai bem, e meus pais vão viajar esse fim de semana... e eu vou ficar sozinha, e sua viagem (da analista) na próxima semana... Preocupações... Se não me preocupo, o que vai acontecer? Fico ligada nos pensamentos, me concentro, e aí não tem mais nada que importa... Quando se tem estas preocupações, até os pequenos prazeres, como ler alguma revista estrangeira... não consigo ler. Preciso esperar passar a preocupação, meus pais voltarem, e aí eu posso.

(Tenho a imagem de um plantonista na UTI, onde a ameaça de morte é contínua.)

Analista: Tudo é transformado em eminência de morte, entendo como é muito real para você.

Paciente: Desde pequena, tenho um medo, mas disfarçava bem, era boa aluna, sociável, mas, se pudesse, preferia voltar logo para casa... quando meu avô morreu, foi suspensa minha festa de quinze anos que seria no dia seguinte. Eu gostei de não ter a festa. Esse medo eu disfarcei até que estourou a síndrome do pânico...

Sessão de 22 de agosto de 1990

Paciente: Tenho dores abdominais – me dá pânico, deve ser tensão pré-menstrual, mas não está nos dias, é a cada 28 dias... Aí penso que pode atrasar... e me acalmo... Quem consegue me acalmar é minha irmã... me ajuda a raciocinar... minha mãe fica apavorada também, meu pai não liga. Os dois já se cansaram.

Analista: Você tenta raciocinar sobre algo que não é razoável, pois o presente para você é igual ao passado (pela impossibilidade de pensar) e isso lhe produz enorme angústia.

Sessão de 20 setembro de 1990

Marie conta que sente ódio! Sente ter sido prejudicada, arruinada pela irmã que lhe roubou o afeto dos pais... Aparece uma Marie mais revoltada do que com queixas somáticas, manifesta suas emoções, mas se sente pior...

Quando vou mostrando as transformações, a paciente rebate, nega, e conclui que oxalá algo pudesse ser feito. Percebo-me tomada por exasperação, pela irredutibilidade de suas ideias, e por distorcer o que lhe digo chegando sempre ao mesmo resultado. Ela me faz sentir encurralada, sem saída diante de tanta loucura...

Fala em rituais se intensificando (é a primeira vez que se refere aos rituais) e associa tal intensificação com a viagem próxima do pai. Marie diz que precisa se concentrar a fim de que nada aconteça e que enquanto o pai não voltar, não pode pensar em outra coisa, nem mesmo nas coisas gostosas que ela poderia fazer, ou que a viagem do pai possa ser boa... só após ele ter voltado.

Paciente: Não sei se devo me concentrar... ou se posso deixar de me preocupar... e aí fico com medo de que aconteça algo.

Sessão de 5 de dezembro de 1990

Paciente: Não sei o que dizer... acordei várias vezes esta noite, dormi muito pouco... Tive um sonho: estava na casa de minha avó (no interior do estado, onde costumava passar férias) me aprontando para sair, mas quando saio, meu pai... talvez minha mãe também... foram embora... meu pai não me esperou porque estava com pressa e eu demorei, mas sei que vai voltar, então entro em casa... cheio de escadas, tudo escuro... Uma prima que pertence a uma seita estava junto com um rapaz que tem nome de artista de TV, mas a cara não é a dele... Lê, traduz para mim de um papel como se fossem uns preceitos... como um passe, algo desta seita... e aí minha prima me joga um perfume, me dá um banho de um perfume chamado "Afeto"... e eu estranho, não gosto do cheiro... se pelo menos pudesse ser "*Koriandre*"... Esta cena parece se passar no banheiro, mas não posso usá-lo, não tenho privacidade porque não há paredes, ou porque meu pai está me olhando...

Comentário

Novamente o movimento de entrar no *claustrum* diante da separação do objeto concreto externo continente, a analista.

Sessão de 6 de dezembro de 1990

Um sonho:

Paciente: Indo para o hotel... Há fichas, em cores, e para mim fica uma cor de que eu não gosto, mas não é correspondente às cores do quarto (não me lembro que cor é)... pareço buscar minha irmã, parece uma festa de reunificação da Alemanha...

Marie está mais receptiva nestas últimas sessões, ouve-me e não ataca o que digo com veemência... Começa a crescer um pouco a crença no processo de análise, ou melhor, diminui a descrença enorme e o desespero... e pergunta o que vai ser dela nas férias, referindo-se às férias dos pais, que vão viajar.

Eu me preocupo com a interrupção prolongada da análise, e tenho pensado em retaguarda. Tivemos algumas reuniões familiares e recentemente ela admite a possibilidade de alguém acompanhá-la em algumas saídas ou lhe fazer companhia etc. sem exigir que seja alguém da família.

Sessão de 11 de dezembro de 1990

Marie está vestindo cor de rosa. Sente-se melhor. Acha que é porque foi ler um diário que ela fez (me explica que fez vários, desde os treze anos, e todos ela jogou fora, menos um...) e foi percebendo que tinha medo há muito mais tempo.

Paciente: Não é que um dia eu era normal, e no outro começou a síndrome do pânico. No diário li sobre situações em que eu preferia ficar em casa, e me dei conta de há quanto tempo tenho medo de relacionamentos, principalmente o relacionamento masculino, ter um namorado. Porque os que se aproximavam de mim, eu os achava ridículos, e os que eu dava valor não se aproximavam. Enquanto minha irmã namorava, meus amigos também, eu achava que tinha algo a menos, me faltava algo, ou era mais feia... por isso me isolava.

Pudemos nesta sessão conectar a síndrome do pânico com o pânico das emoções suscitadas pelos relacionamentos...

Analista: Agora você pode pensar acerca desses estados mentais que há tempos estão presentes em você; o medo, o pânico de que aconteça "de repente" algo não se sustenta mais; o processo de reunificação interna é que está te fazendo buscar este diário, permitindo ligar um aspecto seu com o outro e dando um sentido novo, de forma a haver uma esperança e poder reconhecer neste momento as dificuldades de relacionamento...

Sessão de 14 de agosto de 1991

Sonho:

Paciente: Num quarto grande, cheio de caminhas, escuro, era como um orfanato, e eu numa dessas camas, eu estava fazendo uma prova, havia enfermeiras americanas (?) e eu aflita porque meus pais foram embora, e eu chamei "mãe". Queria saber aonde iam, quando voltavam, mas tinha que fazer a prova. Eu fiz, mas não tinha mais papel, eu queria mais para continuar escrevendo... depois que meus pais apareceram... parece que havia montanhas, não lembro, mas havia outras coisas...

Associação:

1) Orfanato da praia que visitou.

2) Colégio dos Alpes que descreve com muitos detalhes que visualmente lembra, por exemplo, as montanhas.

Na última semana (junho/1991), antes da interrupção por férias, faz ataques contínuos numa argumentação paranoica e com ideias de prejuízo. Traz dois sonhos:

1) Ela procura a casa da avó, vai ao lugar e a casa não está.

2) Ela num carro com o pai e a irmã, o carro se desgoverna, o pai e a irmã não se dão conta disso, a rua está cheia de carros, perigo de bater, e ela diante dessa situação assume a direção do carro, mas com muito medo, tudo desgovernado, até que consegue colocar o carro num barranco e para.

Comentário

Outro aspecto de seu funcionamento que passou a emergir nas sessões foi sua argumentação contínua, a deturpação do sentido, a ambiguidade da comunicação. A minha escuta e continência, e a tentativa de levá-la a examinar o que dizia eu sentia serem atacadas e transformadas em argumentos sobre a "inutilidade de fazer análise", pois seu problema, segundo a paciente, era constitucional, e tudo que ela precisava era que gostassem dela, e que a reassegurassem de que ela não tinha nada (se referindo a doenças físicas), e que lhe dessem a certeza de que ela poderia viver, e que nada iria lhe acontecer.

Assim, durante essas sessões, eu a via unindo momentos diversos, contextos diversos, deturpando o significado. Ela parecia "fugir" de um significado como quem foge de um lugar para não ser apanhado. Eu sentia que precisava tomar todo o cuidado para falar, pois tudo poderia ser usado contra mim e transformado em acusação. Em várias ocasiões, por causa dessa rigidez, eu perdia qualquer esperança de que fosse possível analisá-la. A deturpação de sentido e a argumentação contínua podem ser vistas numa sessão do terceiro ano de análise, e que foi posteriormente supervisionada por Meltzer em 1992, durante o encontro internacional no Uruguai.

Sessão de 2 de dezembro de 1992

Ao iniciar a sessão, a paciente se queixa dizendo:

Paciente: Passei a semana chorando, você mudou seu consultório para um novo endereço para se ver livre de mim, você poderia ser processada por mudar de bairro, um lugar muito distante, e que criou um transtorno. Agora não sei como será possível ser trazida para a sessão...

Analista: Conseguimos horários mais favoráveis, sua irmã se dispôs a trazer você, todos colaboraram...

Paciente: É, mas o mal-estar de viajar até aqui ficou para mim.

Analista: Entendo o que você sente, mas estou vendo que conseguiu vir, e agora estamos aqui trabalhando.

Paciente: Estou preocupada em estar com aids porque apareceu uma afta na minha gengiva, e li que um contágio frequente é via dentista, e eu estive no dentista no mês passado... Vai chegar dezembro, e todos, inclusive você, estarão de férias, e eu terei que ir à praia com meus pais passar os feriados, o que é um martírio, mas neste ano tenho que ir, pois o ano passado meus pais não foram por minha causa.

Analista: O que você está fazendo para se preparar para "tal guerra"?

Paciente: Não estou fazendo nada além de rezar para não morrer. Detesto tudo o que tem lá: areia, pernilongo, bagunça... Nada me dá prazer, nada me agrada. Se fosse como antigamente, quando eu era normal...

Analista: O que lhe dava prazer, e o do que você gostava antigamente?

Paciente: Não adianta perder tempo com isso.

Analista: Imagino que não será o mesmo tempo que perde pensando nas coisas que a desagradam.

Paciente: Isso não serve para nada, é só um exercício de hipóteses.

Analista: Pensar no desagradável também é um exercício de hipóteses.

Paciente: Não, porque a existência da afta faz parte da realidade.

Analista: Mas da afta você vai para a aids numa velocidade... (Ela me interrompe.)

Paciente: Nas condições atuais, caso eu não tenha pânico... Não adianta... Não sei do que eu gosto. Já me perdi, não sei mais como eu era, é um exercício que me faz sofrer muito porque eu vou falar de coisas inatingíveis... Nunca mais vou voltar a ser quem eu era.

Analista: É mais difícil falar do que gostaria e ter pensamentos bons do que falar que acha estar com aids...

Paciente: Pensamentos bons, mas inatingíveis, e que bom seria se eu pudesse planejar e fazer, ou se você me desse esperança... Você não me diz que eu vou ficar curada da porcaria do pânico... Então, o que adianta me perguntar o que eu gostaria de fazer... É a mesma coisa você perguntar o que o Marcelo R. Paiva gostaria de fazer se andasse, e ele ia falar que gostaria de jogar futebol, nadar...

Analista: Você pega esse exemplo da pessoa tetraplégica, fica trancada em casa com medo de sair e se sente como ele.

Paciente: Ele não fica trancado, eu tenho até inveja porque ele está lá no seu programa fazendo de tudo... só o fato de me comparar com ele não quer dizer que eu tenha que me conformar em ser paralítica.

Analista: Aí está a deturpação! Foi você que trouxe a comparação...

Paciente: Mas você aproveitou!

Analista: Eu aproveitei para mostrar que essa pessoa não pode mais jogar futebol, mas pode fazer outras coisas... e você não quis escutar assim... escutou-me acusando você.

Paciente: Por que eu só queria que alguém me desse a certeza de que o meu caso não é como o dele...

Analista: Queria ter certeza! Nenhum ser humano tem certeza de nada. Por que será que você não pode ter dúvidas e funcionar assim mesmo?

Converso com ela falando sobre a "maneira de funcionar olhando só para uma parte do problema"! Digo que já falamos sobre sua desesperança, sobre seu desejo de que eu faça milagres e sobre eu ter de defendê-la de todos os pensamentos ruins que sua mente constrói.

Reitero que ela espera que eu tenha uma verbalização contínua de pensamentos bons para neutralizar os ruins, que precisa saber se pode ficar boa, mas sente que eu não sei lhe dizer isso, e esta é a sua "ideia de cura".

Quando lhe mostro movimentos para a frente, de progresso, quando ela se mostra mais permeável, quando escuta mais, ela se assusta e responde que não há nada de novo, que sempre foi assim.

Digo-lhe que essa sua resposta serve para me confundir e atacar nossa relação. Vejo que ela precisa correr e arrumar isto e aquilo antes que eu saia de férias. A falta supõe que se sente ajudada com a presença da análise.

Paciente: Mas você nunca me dá certeza de que eu vou sarar completamente.

Comentário

Os transtornos do pensamento de Marie, suas argumentações falsas são mostradas pela analista parecendo mais um debate, argumentos e contra-argumentos do que é uma sessão de análise. Marie alega que, se lhe mostro que ela distorce a realidade, eu lhe tiro a confiança em si mesma. Que, se eu gostasse dela, falasse coisas boas para ela, a acalmasse de seus temores, ela poderia melhorar.

Com essas minhas intervenções, na verdade, ataco sua onipotência, e isso a coloca em crise consigo mesma porque ela espera que eu alimente sua onipotência para "se sentir melhor". Digo que acredito ajudá-la quando lhe mostro que ela falsifica a realidade.

Após a leitura dessa última sessão, apresentada durante o Encontro em Montevidéu, Meltzer comenta:

> *Ela produz um prazer negativo quando suas fantasias não se realizam – é o exercício hipotético que ela faz, que ela produz em sua mente, e assim não ocorrem experiências com as quais poderia aprender. Ela faz uma história para prevenir experiências. Faz uma história particular sobre o que deve acontecer, e continua com a história sobre o que teria acontecido, e o prazer da vida*

vem do que não aconteceu, o prazer vem do que deveria acontecer. É uma parte da desordem do pensamento com argumentos circulares.

Quando se refere ao apresentador tetraplégico ela diz não ter inveja de sua capacidade de superar sua deficiência... Poderíamos pensar num processo de splitting *da inveja, mas eu penso que não é! Penso que é um argumento do porquê ela não tem que ter inveja dele, de suas habilidades para superar sua deficiência, um argumento do porquê ela não tem inveja por ele superar sua deficiência... É um pensamento circular e confuso.*

Você, (diz o nome da analista), está lidando com mais que uma criança com distúrbios de crescimento, está lidando com alguém com distúrbios de pensamento... Ela é muito argumentativa...

Tecnicamente é difícil, mas é necessário trabalhar com argumentos a fim de lhe mostrar seu distúrbio de pensamento.

É uma tarefa realmente árdua e desagradável, esta de trabalhar com pacientes com desordem de pensamento, por serem, em minha experiência, extremamente argumentativos, e não poderem usar a linguagem para razões corretas.

Você, (diz o nome da analista), não está lidando só com um "bebê estragado", mas está lidando também com uma menina que não pode usar a sua mente de um

> *modo construtivo, particularmente porque ela tem gasto o seu tempo com este jeito negativo de entretenimento, este entreter-se com histórias catastróficas que nunca se realizam, e isso dá grande prazer. É como quando você vai ver um filme, e daí o risco de você vivenciá-lo na verdade não existe.*

Sessão de 7 de dezembro de 1992

Marie vem trazida pela mãe, que permanece na sala de espera, o que não é usual. Ao entrar dá um pulo para "não tocar" a linha que une os dois pavimentos, um movimento que é frequente. Fala-me do enorme medo que sente, e não sabe por quê. *Chora dizendo não saber se tem medo de morrer ou de viver.* Ontem ela tomou sol no terraço de sua casa e, quando foi tomar banho, foi "assaltada pelo pensamento de que as férias estão próximas"... A viagem para a praia...

Penso que Marie chegou ao ponto de não saber, enquanto antes sabia tudo, mas não mudava nada. Noto este progresso!

Comentário

Meltzer descreve o fenômeno do *claustrum* como um movimento evolutivo no desenvolvimento, em torno dos dois anos de idade, que vai sendo superado se houver condições, se a criança puder contar com a continência emocional dos pais.

Marie conta uma experiência avassaladora por ter sido deixada pelos pais numa instituição por quinze dias. Pensou que eles não voltariam nunca mais. Possivelmente se defendeu desta ausência enclausurando-se no objeto interno. Como lidar com tal mudança?

A mudança deve ter sido catastrófica, e a partir de então Marie se retirou para o *claustrum*?

Ao ver os pais retornando, deve ter tido uma forte reação emocional, para a qual ela ainda não tinha um aparato mental para fazer a elaboração dessa experiência.

Proponho agora que possamos debater as questões que o caso de Marie tenha suscitado e, também, as colocações de Meltzer sobre o conceito de *claustrum*.

Comentários finais

A narrativa psicanalítica deste caso conduzida pelas descrições das sessões faz emergir parte do trabalho da analista e o coloca diante da teorização de vários autores que aparentemente não coincidem, pois parecem partir de visões teóricas diversas.

Meltzer entende as perturbações de Marie em sua estrutura como consequência de identificações projetivas intrusivas no objeto interno – aporte teórico que denomina fenômenos claustrofóbicos que resultam em distúrbios do pensamento. Em seu livro *The Claustrum*, descreve o que acontece se em fantasia uma parte da personalidade se fecha dentro do objeto interno: não há desenvolvimento da parte enclausurada porque, não havendo experiências emocionais, a formação de símbolos não acontece. As oscilações de Marie entre claustrofilia e agorafobia só aparentemente não coincidem com a teoria do *claustrum* de Meltzer. Pois o que Meltzer propõe quando afirma que o paciente se refugia no objeto interno, obviamente em fantasia, corresponde a um comportamento de claustrofilia... e o sentimento claustrofóbico resultante leva o paciente a abandonar o *claustrum*, mas com imensa angústia de ficar perdido no espaço – da agorafobia, por sentir não estar em condições de enfrentar as emoções da realidade.

Quando aplico o conceito de "estado limite" de Green (1991) ao caso de Marie, descrevo uma área mental indeterminada em que o excesso de *acting* e de somatizações provoca uma perda da capacidade de pensar, como Bion explica em *"Uma teoria sobre o processo de pensar"* (1962/1967). Esta área fica escondida ("a loucura privada") com falsas identidades, pensamentos vazios, falsos *selfs*, uso de posições ideológicas apriorísticas, uma condição de desligamentos dos objetos externos, e uma oscilação contínua entre momentâneos investimentos e bruscas retiradas.

Segundo Correale (2010), o distúrbio borderline seria consequência de uma concepção traumática da vida (cada evento seria devastador para o *border*, humilhante, e confirmaria o predomínio da injustiça e do mal na ordem das coisas). No *border*, afirma Correale, a emoção predominante é a disforia: a mistura de raiva, dor, desespero e protesto. Há uma espécie de nostalgia por um mundo utópico perdido para sempre, sem esperança de reconstruí-lo. As pesquisas recentes ligaram esse estado com repetidas experiências de traumas, que Correale identifica como situações nas quais se vive a possibilidade de uma morte psíquica ou física ou uma experiência de impotência.

Eu penso que qualquer que seja a teorização que usamos para pensar acerca de um caso clínico com as mais variadas manifestações, não estamos longe de dois importantes fenômenos psíquicos a que o uso de identificação projetiva pode levar: o máximo da despersonalização e, portanto, a psicose ou fenômenos claustrofóbicos e patologias da identidade.

Voltando ao caso Marie e sua história traumática, quais lacunas permaneceram em sua estrutura inicial? E as fobias estariam escondendo essas lacunas, como Green afirmaria ao descrever os "estados-limites"?

Na verdade, emerge de modo significativo nas sessões sua dificuldade de contato por uma possível retirada, o que teria levado a um bloqueio de experiências emocionais, elaborações em símbolos e pensamentos. A retirada no objeto interno buscando um continente, por ausência dos objetos concretos externos, os pais, como continentes, e a permanência de sua parte infantil no *claustrum* podem ser considerados um trauma? Uma experiência de quase morte? Ou de impotência? Fica aberto o debate.

2. Caso Léia

Nesses ataques, segundo testemunhava minha irmã, eu me distanciava de tudo o que era conhecido: andava de gatas, com destreza de quadrúpede, as unhas raspavam as paredes e os olhos revolviam-se sem pausa.

Mia Couto, 2012 (p. 132)

Belafera, uma análise em suspensão: reflexões à espera de um desfecho

Léia compareceu à primeira entrevista no final de um mês de junho. Identifiquei uma mulher de cativante sorriso e notável beleza. Ao se acomodar na poltrona, despencou suas aflições. Tudo desabou, a imponência da entrada se transformou em impotência frente a si mesma. Iniciou seu relato em tom bastante aflitivo, dizendo estar com síndrome do pânico. Descreveu seus sintomas, demonstrou não conter a ansiedade, apresentando ar ofegante e se queixando de tontura. Tremeu, chorou, fez pausas para conter seus sintomas.

A irmã lhe sugeriu que procurasse uma análise, pois não conseguia cumprir suas tarefas, permanecendo a maior parte do dia em sua cama.

Diz ter sofrido um sequestro-relâmpago... Estava abalada; por vezes, tive dúvidas se as condições que tínhamos neste encontro seriam suficientes para lhe proporcionar algum alívio, tal a intensidade de sofrimento psíquico, sendo o meu recurso mais valioso o da escuta analítica. Ela me solicitou um pouco de água: sentiu sua boca seca. Havia sonhado, no mês anterior, que seres indefiníveis haviam lhe precavido de que, no dia quinze de junho, ela morreria. Comentou seu sonho com familiares e, com certa cisma, foi vivendo até a tal data. No dia preconizado pelo sonho, quando estava chegando à casa dos pais, observou dois homens que vinham em sua direção – lembrou-se do sonho e reconheceu que ali se instalava uma situação de risco. Colocaram-na no banco de trás de seu próprio automóvel e conduziram-na até um caixa eletrônico. Nesse percurso, Léia recordava do sonho e isso a angustiava terrivelmente, pois achava que, de fato, seria morta nessa ocasião. Entretanto, não foi agredida pelos sequestradores, que a soltaram logo após o assalto.

Seus recursos psíquicos não continham, nesse momento, a intensidade de suas ansiedades persecutórias, que ficam incontidas, gerando os sintomas.

Belafera, Ferabela

"Eu incorporei não sei o quê e comecei a bater nele. Eu bati nele. Dei uns tapas no César e as crianças dentro do carro olhando..." (fragmento da sessão de Léia).

Nos primeiros tempos de sua análise, Léia se mostrava intensamente ansiosa. Às vezes me solicitava um copo de água; esse pedido se dava quando, ao rememorar suas experiências, regadas por orgias de toda natureza, era assolada por sentimentos de desintegração. Esses relatos assumiam um tom de confissão. Tais "confissões" e seus medos de ser assaltada desencadeavam boca seca, falta de ar, tonturas e tremores. O pedido pelo copo de água me fazia pensar nas funções que poderiam estar contidas naquele gesto de dar-lhe a água.

Eu observava que ela precisava de uma pausa: parecia que ia se afogar em suas tempestades internas, permeadas de crimes, com culpas não claramente sentidas; reivindicava um cuidado especial naquele momento – minha atenção e/ou intervenção, por vezes, não parecia ser capaz de acalmá-la. Conversamos sobre a necessidade de medicação; ela consultou uma psiquiatra, todavia, não aderiu ao tratamento, pois seu namorado e sua terapeuta holística a desaconselharam a tomar a medicação.

Relatava sua história e suas vivências psíquicas de forma atemporal. Ao enfrentar a metamorfose do adolescer, se via contemplada com um belo corpo e uma enorme revolta contra seus pais, bem como contra a igreja na qual fora educada. Com dezoito anos iniciou um romance com um homem casado, pai de colegas de escola. Manteve este relacionamento até os vinte e um anos, quando a esposa foi à sua casa pedir satisfações. Seus pais faziam vistas grossas em alguns momentos e em outros a mãe lhe fazia acusações, as quais ela considerava injustas, passando, então, a práticas cada vez mais recriminadas por sua família, uma vez que não queria ser acusada daquilo que não fazia. Então fazia!

A paciente foi noiva várias vezes, mas nunca conseguiu se casar – enjoava do noivo e arrumava outro. Quando, enfim, gostou de um noivo a ponto de se casar, este rompeu o compromisso por telefone. Ela nunca foi atrás dele ou pediu explicações – simplesmente reagiu de modo frio e desafetado. Por esta época, foi morar sozinha em um apartamento, iniciando um período de orgias em boates e casas de swing, onde viveu momentos de promiscuidade, regados a bebidas alcoólicas. Também participava de muitos sites pornográficos.

Até então, não se preocupava com uma possível gravidez, uma vez que o médico havia lhe dito que não poderia ter filhos. Não só seu mundo interno, sua autoestima, sua identidade, mas também sua fertilidade era atacada mentalmente.

Em uma de suas aventuras com um homem de outro país, engravidou. Esse fato mudou radicalmente sua rotina, fazendo com que abandonasse totalmente a vida desregrada que vinha levando. O pai da criança foi "despachado" por ela e voltou para o país de origem, e Léia assumiu integralmente os cuidados com o bebê. Sempre ressaltava que não precisava da ajuda dele, que podia muito bem custear os gastos com o filho. Tornou-se uma mãe devotada ansiosa; muito assustada, se desesperava com os choros do bebê. Sua vida mudou completamente, passando a evitar qualquer contato com os excessos que antes cometia.

Após algum tempo, reencontrou um namorado da juventude – um homem casado, César, um policial. Tinham brigas arrebatadoras, pois ele frequentemente investigava seu computador, encontrando o histórico de sites pornográficos e fotos da paciente, embora ela não mais utilizasse esses recursos. César constantemente fazia acusações a respeito de seu passado e, frente a estes insultos, ela vivia acometida por ataques de desbragada fúria – irrompe a Fera. Em muitos momentos ela era tomada por rompantes de total descontrole: esmurrava vidraças, arremessava objetos, quebrava celulares, tamanha a violência que esse relacionamento evocava. Léia, nos primeiros tempos, sentia intenso ciúme, tanto da esposa como do filho de César. As brigas eram desencadeadas por qualquer diferença de opinião e ambos não se continham na presença do filho de Léia – uma criança que, segundo ela, sempre foi muito dócil, mas que ficava constantemente exposta ao destempero de violência do casal.

O menino estava com pouco mais de cinco anos nos primeiros tempos da análise. Por diversas vezes, o casal rompeu e voltou o relacionamento, estando a criança no meio de todas essas instabilidades.

Em alguns momentos, ela era meiga e gentil, mas rapidamente se transformava em uma mulher de aparência fria e exaltada, que atacava como uma fera. Foi surgindo um clima que se repetiu: o da metamorfose de Léia em *Ferabela*.

Paciente: Neste final de semana, passei muito mal: ontem só fiquei na cama, apenas levantei para fazer comida para o Diego. Aí ele começou a me irritar: ele trazia uma bexiga de água para a sala e eu dizia, "não traga isso para sala", e ele não ouvia. Advinha: a bexiga estourou e aí eu perdi o controle. Aquela fúria. Bati, bati nele. (Pausa.) Ele chorou demais e disse: "Mãe, se você quiser, eu me mato para você ter uma vida mais feliz". Aí caiu a minha ficha e me senti um monstro. Eu não consigo resolver as coisas com o César e me desorganizo.

Léia ia me contando sua história, e o fato mais impactante para a família dela foi a morte do primogênito, aos vinte anos de idade, em um acidente de moto. Ele era usuário de drogas e a mãe de Léia mantinha com ele uma relação de superproteção que, segundo Léia, relacionava-se ao fato de sua mãe ter tentado abortá-lo por diversas vezes. Seus familiares poderiam assim ser descritos: a mãe, uma dona de casa sem atrativos, submissa e esquisita, com quem a paciente parece nunca ter se identificado; o pai, nos primeiros tempos de análise, era trazido como seu preferido, por quem nutria admiração e atração, sempre buscando ter a preferência dele. Com o tempo, foi revelando mágoas e críticas severas em relação a ele, acusando-o de dedicar-se exageradamente à igreja, negligenciando os cuidados para com a família. Seu pai teve o próprio negócio, que era próspero, entretanto, não conseguiu geri-lo, deixando muito da administração nas mãos do terceiro filho, que faliu a empresa.

Eram quatro irmãos: o falecido, a idealizada-invejada, o protegido e Léia, a mimada.

A paciente relatava ser a caçula, tendo nascido numa época em que a família estava bem melhor financeiramente, e que seus pais a mimavam muito, especialmente o pai, que a levava para dormir todas as noites em sua cama. Quando ela adormecia, colocava-a em seu quarto junto com os irmãos, hábito que parece ter durado até os nove anos.

Aos doze anos, Léia sofre a perda do irmão mais velho. A mãe, que já era bastante retraída, tornou-se mais estranha, desvitalizando-se ainda mais. Por muito tempo, a paciente tinha a impressão de que a mãe não estava neste mundo. Nesse período, Léia via-se entregue a si própria, em meio aos conflitos e transformações da adolescência.

Após a perda do primogênito, sua mãe nunca mais se recuperou, demonstrando não ter superado o luto pelo filho. O cunhado de Léia, marido de sua irmã, e também um primo da paciente morreram precocemente, também em acidentes de moto.

Com a irmã vive um relacionamento permeado por amor, ódio, inveja, rivalidade e admiração. Léia parecia ter eleito a irmã para complementar as lacunas que sua mãe não conseguia preencher. Ao relatar o estado desvitalizado de sua mãe, contou que seu avô materno morava no sertão e era cangaceiro. A família mudou-se para a cidade e a mãe de Léia cuidou do avô de Léia até a morte dele, apesar das atrocidades que ele havia cometido com a família.

Quando iniciou a análise, Léia e o filho dormiam juntos. Ela sentia dó de deixá-lo sozinho em seu quarto. Evidentemente, com o tempo, fomos trabalhando a ampliação da percepção de Léia para que ela apreendesse o quanto alimentava aquele comportamento do filho com ela. Ela sofria o medo de ficar sozinha e seu filho, muitas vezes, a acalmava, fazendo-lhe companhia, ocupando o lugar do marido que ela nunca se permitiu ou conseguiu ter. Léia não via nenhum problema nisso – não ficava explícito, mas deixava transparecer a satisfação de pensar que o filho quisesse ser seu namorado.

De certo modo, repetia o que havia recebido do pai. O fato de ser mãe solteira não trazia nenhuma proteção para seu filho, que não tinha praticamente nenhum convívio com o pai, ficando, desse modo, sem a figura paterna que pudesse interditar as fantasias e quase atuações. Fomos abordando esse assunto e nessas ocasiões eu me via contendo suas angústias e ajudando-a a expandir seus pensamentos e reconstituir conceitos distorcidos.

Ela, como uma criança, parecia não se dar conta da complexidade inerente a uma situação dessas. Em certas ocasiões, ela era extremamente crítica, sensível e perspicaz. Já em outras, ligadas às interdições necessárias, parecia uma menina que necessitava de uma mãe para lhe contar os segredos da vida e fazer as devidas interdições. Eu tentava, com cuidado, preencher uma lacuna que ficara inscrita em seu desenvolvimento.

Paciente: O Diego hoje me deixou confusa... (Ela falava em tom reticente, quase temendo uma reprimenda.) Ele me perguntou: "Ô, mãe, por que o Deus criou esta lei de que os filhos não podem casar com as mães?". (Ri um riso solto, mas com um fundo de ansiedade, como quem intui algo ameaçador, mas não tem consciência do que seja.)

Pensei no que ela estava a me perguntar. E então repeti em voz alta, procurando manter o tom quase humorístico que ela havia utilizado:

Analista: É, por quê? Não é? Você também não sabe o porquê, não é, Léia? (Vejo que esta pergunta que lhe dirigi teve duas finalidades: fazê-la refletir e dar-me tempo para minha própria reflexão.)

Paciente: É, não sei mesmo, não entendo. Por quê?

Analista: Caso um filho possa dormir com a mãe, nada mais é proibido, pode-se tudo. E nós podemos ser humanos se pudermos fazer tudo o que quisermos?

Paciente: Não, não se pode fazer tudo...

Neste momento, considerei que não foi a minha resposta-indagação, mas alguma coisa ocorreu entre a pergunta de Léia e a minha preocupação com ela que mobilizou reflexão/insigth – entre algo que um dia não havia sido transmitido a ela, ou que a paciente não pode captar em relação às interdições necessárias para o seu desenvolvimento emocional. Este tema, sobre interdições e limites, foi abordado com frequência em sua análise.

Paciente: Estou tentando lembrar um sonho... Sonhei com um sapo, estava cheio de sapos, sapo, rã. Tenho pavor de sapo e rã. Tenho nojo. Eu tinha que ficar amarrada num lugar porque lá só tinha sapo. Tinha medo de enfrentar os sapos, não conseguia avançar. Surgiam sapos de todos os tamanhos e as rãs eram pequenininhas. Não fui capaz de enfrentar. (A partir desses elementos fui levada, por minhas associações, ao conto "A princesa e a bola de ouro", dos irmãos Green. Quase simultaneamente pensei nessa inundação de sapos como aspectos persecutórios que poderiam invadi-la e devorá-la, fazendo-a temer por sua integridade psíquica.)

Após instantes disse-lhe:

Analista: Sugere-me que você tem medo de ser invadida por sentimentos ameaçadores e ao mesmo tempo parece que os homens te dão medo: a masculinidade te assusta. O príncipe que vira sapo e o sapo que vira príncipe.

Paciente: É, até cheguei a pensar no sapo que vira príncipe, mas achei tão infantil, por isso não falei.

Analista: Por que será que você não pode dar importância ao que você pensa?

Paciente: Não consigo me dar importância e enfrentar o que eu preciso enfrentar; acabo me sentindo tão infantil... e não fazendo o que eu preciso fazer, como ir às reuniões de trabalho.

Analista: Você me diz que se confunde com os seus aspectos infantis, e esta confusão te impede de viver o que uma mulher adulta precisa viver.

Vivos-mortos, mortos-vivos

Paciente: Estou me lembrando... em minha infância, morávamos próximos a um cemitério. Eu ia passear sozinha no cemitério e gostava de ficar no túmulo de um bebê. Eu ficava pensando: por que Deus deixa os bebês morrerem? Por que eles morrem?

Comentário

Neste episódio, penso que uma das representações possíveis para esse cemitério é que a parte perversa de sua sexualidade infantil quer destruir suas possibilidades criativas, o cemitério parece exprimir seus aspectos mórbidos e onipotentes que atacavam e destruíam seus bebês, filhos de sua criatividade. Vê a Deus e à sua mãe como destruidores de bebês: Deus, pelos bebês que ele permite que morram e a mãe, pelos abortos e tentativas de abortos que ela realizou. Parece que as figuras que deveriam ser introjetadas como objetos bons, Deus, a mãe, se transformam em objetos maus, persecutórios e impiedosos. Penso haver uma introjeção predominantemente má dos objetos.

Paciente: Fui a uma reunião e não passei mal! Falei comigo: relaxa e se concentra, e então fiquei bem... Ah! Tive um sonho... Eu estava no meu carro, que ia à frente do carro do César, e entrei num vilarejo à esquerda e ele ficou; foi para a direita. À esquerda era uma escuridão, então voltei e vi que ele estava num culto. Tinha uma mulher, que parecia minha mãe, com o meu terço de meditação, mas era um centro espírita, um jardim com umas cadeiras e a mulher que dirigia o culto era meio gorda. O César me disse que eu não ficasse com medo que não era culto espírita, mas sim evangélico.

A paciente fez associações que naquele vilarejo a avó de César havia fundado um centro espírita.

Analista: Associo a escuridão ao medo que você tem do desconhecido em você e da análise. Esta mistura mística entre os dois cultos e a mulher que se assemelha com sua mãe parecem representar a angústia que é ver sua mãe misturada entre o mundo dos vivos e o dos mortos. Neste mundo dos espíritos e dos vivos você também se mistura. Como tem sido difícil se identificar com sua mãe, uma mulher gorda e relaxada, a que vive mais com os mortos do que com os vivos. (Neste momento cutuca com bastante força as cutículas, às vezes chegando a tirar sangue.) Agora estou observando você se cutucar, penso que isso possa representar sua intensa angústia frente ao medo de estar morrendo. Muitas vezes quando você se cutuca, como neste momento, ou quando tem taquicardia, ou precisa beber água... penso que você está enfrentando um intenso medo... ligado ao morrer, e nestes momentos, então, você tem que se certificar de que está viva, provocando dor ou tentando se estimular.

Paciente: São muitas mortes...

Analista: Essas mortes angustiam toda a sua família e sua mãe ficou ainda mais estranha depois daquelas perdas. Você desenvolveu uma aflição intensa em relação à sua mãe, a vê como meio morta e meio viva.

Paciente: Eu me sentia um patinho feio: as meninas eram bonitas, os meninos as paqueravam e para mim ninguém olhava. Aí quando saí disso, desbundei!

Analista: Você era aquela menina ensimesmada, morta-viva, você estava muito parecida com sua mãe. Mas na adolescência tudo isso virou do avesso, aí, adeus tristeza: é só alegria, e isso você encontrou no sexo!

Paciente: É tão bom e depois eu me sinto tão mal, me faz tão mal...

Analista: Qual será a função que o sexo adquiriu para você?

Paciente: Virou vício.

Analista: Penso que uma das funções deve ser fazer você sentir que está viva, sentir que não morreu.

Paciente: Muitas vezes evito dormir com medo de não acordar.

Comentário

Nitidamente são conteúdos ligados aos seus lutos e aos de sua família, em especial de sua mãe, que se tornaram lutos patológicos, denotando fortes ansiedades depressivas. Há um traço acentuadamente melancólico em Léia, que ela, por meio da descarga sexual, parece tentar aliviar de modo maníaco.

A paciente, em muitos momentos, lida com a vida de modo predominantemente sensorial, excita-se ao imaginar relações homossexuais ou César mantendo relações sexuais com a então esposa.

Uma sessão em uma segunda-feira

Léia iniciou o encontro de modo silencioso – o alheamento se impôs. Estava naquele estado de não estar comigo. Ela e os seus mistérios... Eu e as minhas dúvidas... Em uma memória onírica, eu vi uma gravura de Salvador Dalí – *Alice no País das Maravilhas* –, não pude saber do que se tratava. Havia em Léia um mundo inacessível e incompreensível. Começou a relatar um evento do qual participara no final de semana. Este tinha relação com aspectos religiosos de sua família. Disse que neste evento não havia se sentido bem, estava desconectada.

Analista: A desconexão é um estado que você sempre experimenta. Ele é frequente aqui entre nós. Ultimamente você repete este silêncio; você precisa da minha ajuda para enfrentá-lo, parece que há algo a ser conectado.

Paciente: Havia uma mulher na igreja que me disse que eu era uma pessoa boa. Quando ela foi embora, se despediu de mim dizendo: "Que Deus te abençoe e a cada um de seus sonhos". Fiquei tão aliviada e ao mesmo tempo triste.

Analista: Eu penso que, durante muito tempo, você se sentia invisível para os outros e para você mesma. Invisível, quase morta. Seus aspectos vivos se procuravam no cemitério, identificada com os mortos, com os bebês abortados por sua mãe, e ninguém vendo. Desse modo é difícil você se sentir presente, viva, conectada.

A mãe de Léia, segundo o corrente entre as mulheres da família, havia realizado dois abortos antes de Léia nascer. A mãe também pensou em abortar a paciente, fato que perturbava Léia e, em certa ocasião, pareceu ter contribuído para ocasionar uma espécie de crise emocional em sua irmã.

Voltando à sessão... Léia chorou, usou o lenço de papel em uma quantidade exagerada, um após outro, embora as lágrimas não requeressem tal quantidade de papel. Mas para sua alma parecia haver uma inundação. Conectei, desse modo, a presença de Alice nessa sessão, quando chora e inunda o País das Maravilhas (Carroll, 1865/2000).

Analista: Você deve ter chorado muitas vezes sozinha, não encontrando ninguém para te acalmar. Mas hoje você está chorando acompanhada, eu estou com você!

Dentro deste mesmo clima de vivências de alheamento e mistério, certos comportamentos de Léia começaram a me chamar a atenção: o uso dos óculos escuros durante a sessão; o roer de unhas até engrossar a ponta dos dedos, inflamando as cutículas; um estado de alheamento impenetrável, que parecia me excluir de suas vivências nesses momentos. Em uma de nossas sessões, Léia chegou de óculos escuros e assim permaneceu. Puxou um lenço de papel e assoou o nariz (se entretendo com esse comportamento?).

Começou a relatar certo episódio e o volume de sua voz foi perdendo a intensidade, pois minha atenção foi se deslocando do conteúdo verbal para o visual e me detive em seu modo ansioso de tirar e pôr os óculos escuros, que mantinha o tempo todo em movimento durante o seu relato. Intuí algo, inespecífico a princípio, que na pescaria das possibilidades de uma sessão analítica foi fisgado pela minha percepção-atenção.

Analista: Estou notando algo sobre sua ligação com estes óculos escuros. Aqui não está sol e você está pondo e tirando... reparou?

Paciente: (Ri solto.)É que eu sou vampira, não posso com a luz do sol. (Após uma pausa sua voz assume um tom modorrento.)

Paciente: Desde criança uso óculos escuros. Na escola, tipo, sexta série, ficava de óculos escuros no final da sala, sozinha, eles pareciam que me protegiam, não me separo deles por nada.

Analista: Eles parecem representar para você um anteparo contra os excessos.

Pensei em algo como falha na barreira de contato. Por meio de uma busca concretizada pelos óculos escuros, procurou suprir a função psíquica deficitária. Pela ação buscou compensar uma *função*, o que evidentemente não resolvia o problema.

Paciente: Contra a claridade do sol, meus olhos são claros...

Analista: Mas dentro das salas não tem sol, agora não tem sol. Acho que eles também devem servir para você tentar se proteger contra os excessos que vêm de dentro. A forma tão intensa como você sente suas emoções, como elas te desorganizam...

Dentro do silêncio ouço suas lágrimas.

Analista: Desde criança você sente que precisa se proteger dos excessos de estímulos externos e internos. Sempre usou seus óculos para isso, mas eles não podem fazer isso por você.

A seu modo predominantemente cordato na sessão, Léia disse:

Paciente: É, não podem...

Percebi que ela entrou em contato com algo de sentido para si. Neste encontro vivemos uma experiência emocional que possibilitou uma mudança em relação a este comportamento esquisito de Léia. Fato semelhante se deu quando pudemos conversar sobre o seu hábito de roer as unhas, que também foi suprimido. Léia conseguiu deixar as unhas crescerem e passou a pintá-las com frequência, ficando mais harmônico com a mulher bela e vaidosa que é.

A sessão terminou, ela se levantou e tirou os óculos, riu e resolutamente disse: "Vou tirá-los para me despedir de você".

Dentro deste quadro de instabilidades, alguns desenvolvimentos foram ocorrendo: Léia conseguiu viabilizar, em meados daquele ano, a vinda do pai de Diego para o Brasil. Após essa experiência, tentaram manter o vínculo; entretanto, um oceano de inconstâncias e imaturidades inviabilizou uma relação mais próxima e amistosa. E Léia, então, revoltou-se, dizendo, mais uma vez, que solicitaria a pensão do pai de Diego. Essa atitude me pareceu uma evolução, uma vez que, anteriormente, ela se recusava a receber qualquer ajuda, dizendo-se capaz de manter o filho sozinha. Um indício de maior senso de realidade em suas considerações levou-me a verificar certa evolução que, lentamente, desabrochava dentro dela.

No segundo semestre daquele ano, conseguiu se afastar mais firmemente de César.

De modo consideravelmente inseguro, Léia foi capaz de ampliar seu escritório sem o auxílio de César, a quem, anteriormente, sempre recorria. Pôde mudar um hábito que parecia muito desorganizador para ela, para o filho e para seus pais: deixou de almoçar todos os dias na casa dos pais, que já apresentavam idade avançada. Organizou-se, aumentando os dias de trabalho de sua empregada e iniciando uma nova rotina.

Em suas sessões, notei maiores condições, inclusive de sonhar. Pudemos falar sobre o período em que viveu na promiscuidade, no qual podia tudo e não sentia nada, a não ser a descarga de sua excitação sexual.

Tudo parecia estar no caminho do desenvolvimento necessário. Em alguma das sessões seguintes, Léia relatou que vinha sonhando frequentemente comigo.

Em novembro comuniquei-lhe sobre a mudança do meu consultório e ela pouca ou nenhuma importância demonstrou dar para o fato. Parecia apenas querer se ocupar dos problemas do seu próprio escritório. Começou a solicitar mudanças em seu horário. Quando mudamos não deu praticamente nenhuma importância às novas instalações. Eu a sentia mais distante a cada sessão. Faltas, atrasos, distância... Após as férias do final de ano, retornou no mesmo clima. Tive uma forte impressão de que ela estava novamente se relacionando com César. Mas não lhe disse nada, aguardando algumas sessões e, em uma delas, conversei sobre como eu a percebia diferente em relação à análise e a mim. Na sessão seguinte, disse:

Paciente: Acho que você captou algo. Eu preciso te contar. Voltei com o César. Não posso negar isso. Perto do Natal ele me ligou, dizendo que tinha um presente para o Diego, que amava muito o menino e perguntando se poderia vê-lo para lhe entregar o presente, e daí... que voltamos, estamos juntos... Mas já está tudo do mesmo jeito. A gente se gosta, resolvemos dar mais uma chance. Estou vendo que vai ser tudo igual. Não deveria ter voltado. Tenho vergonha... De novo?

Naquela fase, ao chegar ao consultório, antes mesmo de entrar na sala, comentou uma vez:

Paciente: De tudo, o que eu mais gostei foi desse seu móvel, adoro móvel assim... (Foi o primeiro e único comentário que fez em relação ao consultório novo.)

Após alguns momentos de silêncio, em seu costumeiro tom aflito e suspirante, disse:

Paciente: Está tudo desabando, parece que houve uma demolição... A minha vida desabou. Estou com muita tontura hoje. Estou sem dinheiro, me descontrolei demais, não sei o que foi, mas perdi o controle do dinheiro. Não fiz nada...

Apesar de não ter me dito, eu havia percebido que ela trocara de carro, por um bem mais luxuoso.

Por alguns encontros aguardei que ela fosse mais sincera comigo. Percebi que ela me escondeu vários fatos e, pela primeira vez, atrasou o pagamento das sessões. Decidi lhe relatar o que eu estava percebendo.

Analista: Você não estar conseguindo falar de modo sincero comigo sobre o que está se passando. Vimos sua dificuldade para me contar sobre o César, e agora não está conseguindo falar comigo sobre o atraso de meus honorários. E também parece que você trocou seu automóvel, é isso?

Paciente: (Titubeante.) Eu já te falei, não falei? (Ela não havia me dito sobre a troca de automóvel, apenas sobre as dificuldades financeiras.)

Analista: Você está tendo dificuldades em me dizer o que tem se passado com você. Você sente como se tudo tivesse desabado, uma demolição!

Dou-me conta neste instante em que falo a palavra "demolição" de que o móvel da sala de espera era feito de madeira de demolição. Como uma palavra pode fazer a diferença e nos conectar com novas possibilidades! Recolhi destes escombros alguma possibilidade, para ela e para mim.

Analista: Léia, aquele móvel de que você tanto gostou foi feito com madeira de demolição, portanto, mesmo dos escombros, após um desabamento, nós podemos produzir algo útil, bonito e de valor para nossa vida.

Paciente: É mesmo... Vou pensar nisso...

No início do mês, após duas faltas consecutivas, me comunicou que interromperia a análise, dizendo ser apenas até realizar uma feira em que trabalharia de modo a conseguir equilibrar suas contas. Disse não querer deixar de nenhum modo a análise, pois esta foi fundamental para que saísse daquele estado de sofrimento em que vivia.

Em sua última sessão, Léia diz se perceber com um grau de maturidade diferente, não jogando mais toda a responsabilidade em cima do outro, mais responsável e, como mãe, melhor. Sente-se mais tranquila, e seus ataques de fúria são menos intensos. Contudo, com os homens continua com as explosões.

Inconclusões sobre uma análise em suspensão

O modo como Léia interrompeu a análise, isto é, prometendo que voltaria em breve, deixou impregnada em mim uma porta entreaberta, rastros denunciando sua inconclusividade. Provocou um espaço para a reflexão, uma busca por encontrar alternativas que ampliassem a possibilidade de pensar sobre este caso e outros que apresentem semelhante grau de complexidade.

Algo me sugere que sua interrupção e a atuação da compra do automóvel possam estar relacionadas à mudança de consultório. Era notável que o novo consultório representava uma transformação, resultando em condições de trabalho mais apropriadas para mim e para ela. Entretanto, movimentos rivais ao ver o progresso do outro, e também o seu próprio, frequentemente constituíam os fundamentos para as atuações de Léia. Conjecturo que dentre os fatores envolvidos estejam: a inveja do seu e do meu progresso; o medo do vínculo mais íntimo comigo e consigo mesma; o temor da erotização do nosso vínculo que me parecia rondar-lhe como uma espécie de resistência à mudança e ao crescimento; o fato de perceber que eu evoluía longe dela, isto é, eu era separada dela.

Acredito que Léia tenha conseguido se desenvolver, de alguma forma, com relação ao contato consigo mesma, o que reverteu em uma atitude mais crítica no que diz respeito às suas reações tão intempestivas. Houve redução do pensamento religioso, que a fazia atribuir às forças divinas castigos, que seriam aplicados pelo outro mundo ou pelo desígnio dos deuses. Adquiriu maior tranquilidade em suas relações profissionais e desenvolveu maior noção do quanto ela era a responsável por muitas das consequências de seus atos. Penso que Léia iniciou um processo de introjeção de mente que poderia levá-la a uma expansão de suas condições psíquicas. Os sonhos passaram a ser mais úteis para a compreensão de seu funcionamento mental. A ideia de que fossem premonitórios diminuiu, e o acentuado tom místico de seu discurso aplacou-se. As desestabilizantes angústias, que produziam estados físicos de vertigem e despersonalização, reduziram-se consideravelmente em intensidade e frequência. Entretanto, tais alívios, e a perspectivava de novas conquistas, a meu ver, a assustaram e ela temeu pelas mudanças, provavelmente vislumbradas como catastróficas, como define Bion (1966/1967), que teria de enfrentar, a partir desta nova percepção de si e das relações que estava desenvolvendo a partir das sessões.

Léia "desaba" ao se perceber numa relação criativa comigo. Em sua análise, surge um ataque destrutivo, pois, ao que parece, não tolera um casal produtivo, suas bases internas não permitem que o par criativo trabalhe, como pontua Meltzer (1992).

Ao captar que eu possa ter recursos criativos e que estes possam estar sendo desenvolvidos por ela, brota a intolerância ao progresso, a volta à repetição de padrões e casamentos fundamentados em sexualidade infantil perversa. Retoma a relação de par sadomasoquista, infértil, destituída de produtividade e realizações, expressa pelo reatamento da relação com César. Ele parece representar a possibilidade de um acasalamento rival, invejoso e perverso. Ao dar um tom nobre à sua interrupção, sugerindo estar se autopunindo pelo crime cometido frente aos nossos movimentos produtivos, penso que ela possa estar sugerindo que precisa de um tempo para se recompor de seus "desabamentos" invejosos e se apresentar mais tarde, pois garante que voltará para a análise. Quando se dá conta do que está a fazer consigo, se recrimina, sente vergonha de seus atos, sugerindo atuações superegoicas rígidas e punitivas, sem possibilidades para movimentos reparatórios ao casal parental interno atacado.

Este modo de agir de Léia indica, por um lado, estar internalizando a mente da analista, trabalhando com ela, e, por outro, tomando distância dela. Simultaneamente podem ser identificados ataques aos vínculos K e L (Bion, 1959). O aspecto dual se impõe: esconde da analista dados de sua vida, parece temer que a analista possa interferir e talvez criticá-la como fizeram seus pais no passado e, do mesmo modo, afasta-se para evitar viver uma experiência real de separação e de luto pelo fim da análise.

Dessa forma, caracteriza a interrupção do trabalho como uma suspensão. Evita, desse modo, uma definição clara para o nosso vínculo analítico. Conserva, inclusive, a analista em estado de suspensão, não podendo delimitar e concluir esse processo. Mantém-se, portanto, em estado de incerteza: seria uma interrupção ou um final?

Por identificação projetiva, atua sua falta de delimitações precisas, não consegue se fazer responsável por suas escolhas, permanecendo em estados de mente de indefinições e imprecisões, entre o mundo primitivo e o civilizado, entre a necessidade de se desenvolver e o desejo de ser instantaneamente satisfeita e não frustrada, entre o princípio do prazer e o da realidade...

Comentários finais

A busca por delimitações indelimitáveis em uma paciente borderline

A situação clínica que vivi com Léia suscitou muitas interrogações sobre qual seria a configuração psicodinâmica que mais se aproximaria de suas intensas manifestações emocionais e comportamentais. Considerei, por meio das observações sistemáticas que fui realizando em meu contato com ela, acentuada instabilidade afetiva que resultava em oscilações de humor, expressas frequentemente em explosões violentas e bizarras. Essas características, entre outras bastante peculiares em Léia, foram conduzindo minhas reflexões para uma configuração borderline.

Dentre as inúmeras possibilidades de apreensão deste quadro psicológico, considerei as contribuições de Correale (2002), as que mais se aproximaram das descrições relatadas pela paciente e das experiências que juntas vivemos.

Desde o primeiro contato com Léia, se evidenciou nela um estado de alarme e a espera de que algo perigoso e violento fosse lhe acontecer, o que acarretava um estado de inquietude difusa e insatisfação profunda. Essa insatisfação se revelava predominante ante situações de prazeres internos, deixando-a com a sensação constante de incompletude.

Inúmeras foram as oportunidades em que pude presenciar descrições de suas vivências emocionais e comportamentais em que a descarga da tensão se precipitou em ações com a finalidade de evitar a realidade psíquica. A dor da frustração era praticamente intolerada por Léia, fazendo com que atuasse muitas vezes por meio de violência e de modo delituoso no ambiente, embora, continuamente, se visse como uma justiceira, uma marcante característica do quadro, segundo Correale (2002).

Léia enfrentava um avassalador sentimento de vazio e solidão, e deste vazio derivava a inquietude tão presente em sua forma de existir. Uma das dificuldades mais perturbadoras para a paciente era dormir. Permanecia em um estado intermediário entre estar dormindo e estar acordada. Nessas ocasiões, o estado de mente que a dominava era de assombro e de ameaça, gerado por pesadelos fantasmagóricos dos quais demorava algum tempo para se livrar. Essas experiências de noites mal dormidas, amiúde, eram seguidas por manhãs angustiantes, em que o estado emocional disfórico predominava. Mantinha-se deitada e reclusa em seu quarto por horas, assolada por sensações entre o real e o não real. O clima emocional que parecia emergir nesses momentos era de confusão, algo que para ela se aproximava de tristeza e depressão. Essa depressão que sentia me chamava a atenção, uma vez que não se associava à perda do objeto, mas a um vazio e à impressão de nunca ter tido o objeto, sendo esses estados mentais típicos de quadros borderline.

A maneira como buscava suprir suas inquietudes e sentimentos de vazio estava associada a intensos prazeres corporais. Envolvia-se com orgias sexuais, forma que encontrou para enfrentar o perigo interno de se sentir inexistente, comportamento narcísico-histérico. A sexualidade por muito tempo representou a droga que usava para aliviar suas tensões, e sem a qual pensava não poder viver. Lamentava-se por não conseguir demonstrar seus afetos pelo outro, o que para ela resultava em relações superficiais nas quais não conseguia estabelecer uma autêntica intimidade. Dizia que só conseguia ter sexo selvagem e não conseguia sentir amor e carinho por alguém.

Em relação aos traumas, aspecto privilegiado nas concepções de Correale, Léia relatava experiências emocionais bastante conturbadas em seu contexto familiar, sendo que estas redundaram em severas dificuldades emocionais para ela. Apresentava acentuadas carências infantis em relação à figura materna. Por sua mãe apresentar comprometimentos emocionais importantes, não conseguia conter as angústias terroríficas que acometiam Léia desde que era uma pequena menina. A relação de maior proximidade física com o pai, que sugeria o incremento de fantasias edípicas assustadoras, indica fatores que favoreceram a configuração de suas profundas dificuldades emocionais.

O trauma representaria um excesso de emoções e uma falha na possibilidade de desenvolver as representações. Essas características favorecem a sensação de vazio psíquico, em que as capacidades de conexões, ligações e juízo ficam intensamente danificadas e as ações são dominadas predominantemente pelas emoções. O que em Léia se verifica por um funcionamento mental regido por limitada condição para a reflexão e precários recursos receptivo-emocionais. Mostrava-se particularmente sensível às frustrações, reagindo com violência aos conflitos e nutrindo seus desejos de vingança.

Quanto à questão do trauma e da identificação, também se verifica Léia é afetada por essa modalidade descrita por Correale, que nos ajuda a compreender os fenômenos dissociativos tão presentes nessa paciente. Verifica-se que na questão que envolve situações traumáticas há um tipo particular de identificação que se pode definir – identificação por incorporação – que nunca é sentida como pertencente ao sujeito e fica como estranha. Tal dissociação em Léia é um dos aspectos mais característicos. O estranho não integrado é o aspecto fera. Usualmente, ela se referia a um estado de impulsividade com atuações tão intensas que identificava com algo selvagem e indomável em si. Este fenômeno, como descreve Correale, representa para a paciente uma submissão, uma espécie de entrada de um demônio ou força externa.

Esse tipo de identificação traumática dá origem a uma representação do objeto que provocou o problema, que pode ser definido como fantasma. Trata-se de um personagem da vida mental que assume semblantes de um genitor ou figura com a qual houve relações traumáticas. Em Léia, eram frequentes as representações de figuras fantasmagóricas, principalmente em sonhos. As queixas da paciente mantinham conexão com situações disfuncionais e assustadoras do passado e cada experiência frustrante em vivências atuais a fazia repetir padrões antigos compulsivamente, emergindo humor disfórico como forma de repetir reações emocionais compulsivamente.

Desse modo os aspectos tratados pelos estudos sobre casos borderline podem representar uma espécie de carta de navegação em meio à tormenta, como no caso de Léia, em que muitas vezes me vi envolvida por seus maremotos. Para não nos afogarmos nem nos perdermos nestas situações regidas por angústias inomináveis, vividas desde tempos imemoráveis pelo paciente, podemos nos valer destas teorias que nos acompanham, nos guiando nestas turbulências. Esta carta de navegação e mais a bússola de nossa intuição podem nos orientar em meio às tormentosas crises a que o paciente está submetido e que em muitos momentos acometem também o *setting*.

3. Caso Júlio Cesar

Trauma, psicose

O paciente que proponho estudar é um rapaz de dezenove anos, em tratamento desde os doze anos, predominantemente atendido três vezes por semana. Este período de sete anos de trabalho analítico pode ser dividido em:

- processo diagnóstico e encaminhamentos;
- período delirante-confusional;
- saída da fase delirante e uso dos mecanismos obsessivos;
- transferência psicótica: o ódio vivido na relação analítica.

Processo diagnóstico e encaminhamentos

Júlio Cesar foi encaminhado com o diagnóstico de deficiência mental. Havia sido tratado por sete anos por uma terapeuta que também o percebia dessa forma e, assim, foi apresentado pelos seus pais como "retardado mental".

O primeiro encontro já anunciava uma mente confusa e delirante e um estado evacuatório. A seguir descrevo esse impactante encontro.

Maio de 2008

Júlio Cesar é um garoto alto e magro. Seu aspecto físico é descoordenado, como se estivesse desconjuntado. Quando abri a porta, ele logo entrou, não aguardou apresentação inicial nem o convite para entrar. Havia material gráfico e alguns brinquedos sobre a mesa, se dirigiu à caixa de massinha de modelar, disse que ia juntar todas, modelou uma arma, depois pegou alguns bonecos que denominou "deuses".

Tratava-se de uma batalha entre o deus do bem e o deus do mal. O enredo era entrecortado por risos fora de contexto e por uma inquietação que o fazia levantar e andar pela sala. Seu olhar passava por toda a sala, sem uma direção definida. Falava o tempo todo de forma rápida, truncada e incompreensível.

Não interagiu comigo. Observei ausência de contenção, um estado de caos psíquico. Quando encerrou o horário, Júlio Cesar pareceu não escutar essa informação e continuou no seu mundo dos deuses. Tive de ser enfática ao dizer que o horário tinha acabado, mas ele resistiu, por fim atendeu ao pedido, saiu falando, disse que ia usar o banheiro, entrou e não fechou a porta, continuou falando sobre os ataques dos deuses, saiu do banheiro e foi embora sem se despedir. O pai estava na sala de espera; Júlio Cesar passou por ele e saiu, o pai se despediu e foi atrás do filho. Observei depois que havia urina espalhada no chão e fezes no vaso.

Adequar o diagnóstico para a proposta terapêutica foi um processo que durou mais de um ano. Havia muitas resistências por parte dos pais em aceitar que o filho não era deficiente mental, pois esse diagnóstico os isentava de qualquer responsabilidade diante do quadro, dizendo que ele sempre foi esquisito e que era o jeito dele.

O estudo sobre a dinâmica familiar deixou evidente que a etiologia do quadro estava nas falhas ambientais. Resumidamente: a mãe, desde o nascimento de Júlio Cesar até seus sete anos, trabalhava o dia todo, chegando somente à noite em casa. Os cuidados com Júlio Cesar ficaram então por conta do pai, que na época estava desempregado. Este, extremamente intolerante, usava da violência física para conter a criança. Dizia o pai nas entrevistas: "meu jeito é assim mesmo! Eu bato mesmo e ninguém vai dizer que estou errado!".

As entrevistas com os pais eram muito violentas, havia muitas divergências na forma de conduta com Júlio Cesar, a mãe era muito permissiva e o pai autoritário, mas nenhum dos dois conseguia se aproximar do mundo emocional da criança.

Foram necessários vários encontros com os pais para que pudessem perceber que a medicação para hiperatividade não era adequada para Júlio Cesar, uma vez que estava apresentando outros comportamentos bizarros, como: mostrava o pênis para a funcionária da casa, corria atrás da funcionária com uma faca se dizendo demônio, chamava a mãe para fazer sexo, queria beijar na boca da tia, na escola ficava perambulando pela sala o tempo todo.

Período delirante-confusional

Durante o primeiro ano, Júlio Cesar não conseguia se manter na sala de espera aguardando o meu chamado. Quando eu ia chamá-lo, estava colado à porta e entrava como um "rolo compressor", falando ininterruptamente, de forma incompreensível. Não me parecia que a sua fala tinha a função de comunicação no sentido simbólico, sua mente parecia não conter a enxurrada de pensamentos, jorrava boca afora, uma mente que não tinha recursos para pensar os seus pensamentos. Assim, sua fala tinha a conotação de uma evacuação e de defesa contra não ter conseguido uma integração do *self* pela introjeção de um objeto continente e, portanto, não ter alcançado uma pele psíquica, de acordo com descrição feita por Esther Bick (1967/1988).[1]

Apresentava uma inquietude muito intensa, seu corpo expressava a própria pulsão, seu olhar passava por toda a sala sem uma direção. Ao término do seu horário, era muito difícil sair, continuava falando, saía e voltava várias vezes. Não existia saudação de olá quando chegava nem de, tchau quando ia embora.

Era muito comum, ao sair, usar o banheiro para urinar ou defecar, e a urina ficava toda espalhada. Eu não entendia esse comportamento como um ataque a mim, mas como uma forma de me comunicar a sua falta de contenção. A palavra vazava, assim como sua urina, suas fezes; o corpo e a mente estavam submetidos a uma incontida violência emocional.

Júlio Cesar personificava o Rei Supremo e eu, a Senhora do Bem. A personificação ocorria por meio do seguinte ritual: esticava o braço direito, olhava para a sua mão, o que indicava o surgimento de garras, fazia o mesmo com o braço esquerdo, ficava nas pontas dos pés, significando o aumento do seu tamanho, emitia um ruído olhando para seu traseiro, prenunciando uma cauda, fazia movimentos com as duas mãos sobre a cabeça, indicando seus chifres.

Em seguida, ficava rodopiando por alguns minutos, chutando as pernas pelo ar, emitindo uma palavra repetida vezes – "chukumaki, chukumaki, chukumaki". Nesse momento Júlio Cesar estava

1 A autora refere-se à função primária da pele do bebê e de seus objetos primários na integração do *self*. Quando há falhas nesse processo ocorre a formação de uma "segunda pele", por meio da qual se observa uma pseudoindependência.

incorporando a força do mal. O ataque do Rei Supremo em relação à Senhora do Bem acontecia porque ela trazia dentro de sua barriga muitos bebês. "Eu odeio bebês!", gritava. "O que os bebês fizeram?", eu indagava. "Eles choram, me perturbam! Vou matar todos os bebês do mundo todo! Eu odeio bebês!", respondia, urrando alto e forte.

Logo depois, vinha em minha direção com suas garras, me arranhava, arrancava os bebês de minha barriga, devorando-os, ria sadicamente e fazia gestos simbolizando que ele estava limpando os lábios sujos de sangue. A seguir, ficava pulando, urrando, o que significava a destruição dos outros bebês.

Em uma das sessões, ele se excedeu e me arranhou de fato, ficou em estado de desespero, me pedia desculpas repetidas vezes.

Em outra sessão, no momento de sua incorporação do mal, quando fazia seu rodopio, acabou danificando a parede; ficou muito assustado e dizia: "E agora? E agora? Foi sem querer. Foi sem querer. E agora, e agora?". Era comovente presenciar o seu estado de desespero. Eu entendia que seu desespero estava ligado ao superego tirânico. Tentei tranquilizá-lo, dizendo que compreendia que sua intenção não era estragar a parede, mas ele estava em "transe", não percebeu o que estava ocorrendo, e nada ia lhe acontecer. Toda a violência que Júlio Cesar apresentava mobilizava em mim um sentimento de compaixão, estava diante de uma "alma penada", eu não sentia medo nem sensação de perigo, o perigo era não conseguir conter a loucura de Júlio Cesar.

Nesse primeiro semestre de tratamento, a funcionária de sua casa estava grávida e, quando o bebê nasceu, não voltou mais para trabalhar. Isso foi desorganizador para a família e para Júlio Cesar, por ter sido ela a cuidadora dele desde o início de sua vida. Pensei que esse fato poderia piorar o nível de perturbação de Júlio Cesar e orientei aos pais que o levassem para visitar o bebê. Parece-me que isso foi muito importante para Júlio Cesar, que desenvolveu um apego muito grande à criança. Ele pôde constatar que não havia destruído os bebês.

Após as férias, no início de 2009, na primeira sessão, quando abri a porta, percebi que Júlio Cesar estava no banheiro e seu chinelo estava abandonado no meio da sala. Quando ele saiu do banheiro, avisei a ele que seu chinelo estava na sala, ao que ele respondeu: "Deixa lá". Entrou falando que as bombas fedidas iam me matar e iniciou o mesmo enredo da última sessão, como se não tivéssemos tido o intervalo das férias.

Fui percebendo que, após o nascimento do bebê da funcionária, os ataques ficaram restritos ao pai. O objeto de uso frequente em todas as sessões eram as massinhas de modelar que construiu no início da análise e a incorporação do Rei Supremo, como o mal que humilha, bate e assusta o pai.

No final do primeiro ano de análise, Júlio Cesar apresentou algumas mudanças no conteúdo de seu material. Ilustrarei essas mudanças com o relato de uma sessão.

Sessão de 8 de junho de 2009, final do primeiro ano

Júlio Cesar se encontra em pé no meio da sala de espera, depois entra, dizendo:

Paciente: Oi!

Traz consigo uma arma que construiu, feita de cabo de vassoura, com uma roda de rolimã fixada na ponta. Ao entrar na sala, diz que é o demônio e que vai me destruir. Fala de forma rápida, está muito agitado. Júlio Cesar mostra a arma e diz:

Paciente: Olha! Olha! Vou eliminar o bem!

Abre sua gaveta e retira as armas que ele construiu de massinha, o cabo de sua arma de massinha se solta e me pede para arrumar para ele. Enquanto isso, fica no meio da sala e dramatiza a incorporação do demônio como descrita anteriormente. Após esse ritual de possessão do demônio, ele começa a gritar, urrando sem parar.

Afirmo que eu estava entendendo o tamanho do ódio que tinha dentro dele. De repente ele cai no chão, com os braços estendidos, parecia que alguém o segurava. Penso que talvez fosse um pedido para que esse ódio fosse contido. Digo-lhe, dirigindo-me a esse possível "alguém" que o estava segurando.

Analista: Segure-o bem forte, temos que conter esse ódio!

Ele começa a se agitar como se estivesse resistindo à contenção. Continuo:

Analista: O ódio é muito grande, segure mais forte, vamos prendê-lo!

Prosseguindo a representação, ele dramatiza como se estivesse se libertando das correntes e começa a rugir cada vez mais forte.

Analista: É impossível conter tanta braveza...

Júlio Cesar, no personagem de demônio, começa a lançar sopros de fogo e diz, dirigindo-se a mim:

Paciente: Fique desesperada, porque você vai morrer queimada!

Faço a cena de desespero, dizendo que estou morrendo queimada. O paciente começa a dar uma gargalhada sádica. Faz movimentos com as mãos sobre a cabeça, indicando que seus chifres estão crescendo cada vez mais. Dramatizando ser queimada, digo-lhe que vou chamar o Chronos, que no nosso contexto é o Deus da Água, e ele poderá me salvar.

Paciente: Sua idiota! Olha o que faço, transformo a água em gelo!

Ri e urra bem alto.

Paciente: Que tal uma humilhação? Que tal comer cocô de porco?

Digo-lhe com repugnância:

Analista: Que horror... Você quer me humilhar, porque assim posso entender o quanto se sente humilhado, e penso que é daí que vem tanto ódio.

Júlio Cesar parece não me ouvir.

Paciente: Quer tomar xixi de...

Ele fica alguns minutos dando gargalhadas, rugindo, rodopiando, está no estado de êxtase. Depois de algum tempo, ele para, a cena se modifica, e aparece uma situação que até então não acontecia: o paciente coloca uma arma de massinha na minha mão, olha para frente como se a polícia estivesse vindo em sua direção e diz:

Paciente: Polícia, polícia, ela (analista) quer me matar.

Agora ele se disfarça de bonzinho e se coloca na posição de vítima. Entro de novo na representação e digo para a polícia imaginária:

Analista: Não, é ele, é ele!

Júlio Cesar diz para a polícia:

Paciente: Não, é ela, ela é do mal!

Olha para um canto da sala, e passa a conversar com o pai imaginário, dizendo:

Paciente: Pai, ela chamou você de franguinha.

Ele imita a voz do pai furioso dizendo:

Paciente: Quem me chamou de franguinha? Eu vou te matar!

Analista: Muitas vezes, você se sente uma franguinha diante do pai furioso.

Júlio Cesar imita a voz da criança e diz:

Paciente: Pai, ela falou que você usa calcinha.

Agora, Júlio Cesar faz a voz do pai:

Paciente: Você disse que uso calcinha? Você vai ver o que vai acontecer...

Na voz da criança, Júlio Cesar olha em outra direção, agora conversando com a mãe, e diz:

Paciente: Mãe, ele falou que você usa cueca.

Analista: Estou entendendo que você fica muito perturbado e confuso se é um menino ou uma menina.

Júlio Cesar parece não me escutar, continua a cena dizendo:

Paciente: Os pais estão furiosos, estão brigando e estão furiosos com o filho.

Ele, o filho na cena, começa a se divertir com a situação. Eu falo, como se estivesse conversando com os pais:

Analista: Não precisam ficar furiosos com o filho, ele está muito confuso, ele precisa de ajuda.

Júlio Cesar faz a voz da criança, olhando em direção ao pai:

Paciente: Pai, a mãe falou que você é ridículo.

Olha para a analista e diz:

Paciente: Agora você é o pai que está furioso com a mãe.

Enceno o papel de pai bravo e digo:

Analista: Você me chamou de ridículo!

Ele, personificando o filho, faz a voz de criança:

Paciente: Mãe, o pai falou que você é balofa, gordona.

Agora ele pede para eu ser a mãe que fica brava com o pai. Faço o papel de mãe que briga com o pai. Júlio Cesar é a criança que diz:

Paciente: Pai, a mãe falou que você é mulherzinha.

Agora a analista, no papel de pai, fica muito brava. Ele ri o tempo todo, dando gargalhadas, e diz:

Paciente: Quero ver a mãe se ferrar!

A criança diz:

Paciente: Pai, a mãe falou que você é um bundão.

Ele ri descontroladamente, se contorce no chão e diz:

Paciente: Quero ver o pai se ferrar!

Nesta cena, em que represento a figura dos pais, digo, no papel da mãe:

Analista: Marido, acho que ele quer nos separar, quer nos destruir.

Ele ri e diz:

Paciente: Quero que vocês morram!

Eu comento que odeia ter mãe e ter pai, ter de se submeter a eles. Ele ri sadicamente e começa a repetir:

Paciente: Cocô, xixi, pum.

Descrevo a seguir uma sessão referente ao final do segundo ano e outra do início do terceiro ano, nas quais se observa uma mudança na expressão de seus afetos.

Sessão de 18 de junho de 2010, final do segundo ano

Paciente: Eu descobri os medos do pai, agora vou atormentá-lo. Você nem imagina o que vou fazer. Sabe o que vou fazer? Sabe o que vou fazer?

Analista: Me conta primeiro quais são os medos do pai.

Paciente: Ele tem muitos medos, o mais de todos é do bicho-papão e do Hades.

Analista: Hades?

Paciente: É o Deus do Mar. Agora vou me vingar de você, pai! Vou te torturar com o bicho-papão na sua mente, vou te torturar com o Hades. Você vai chorar muito! Você vai ficar com muito, muito medo.

Analista: Você está me contando que tem muitos medos, que eles te atormentam e que seus pais não entendiam por que você chorava tanto, chorava porque estava muito assustado com os monstros que estavam em sua mente. Agora, aqui na sua terapia, você sabe que eu entendo os seus medos.

Júlio Cesar fica em silêncio, parece me escutar.

Paciente: Pai, você sabe a Medusa e a Pandora, elas são minhas irmãs, o Poseidon é meu irmão! Eu estou com muita raiva, vou me vingar! Olhe meus olhos! "Tá" vendo? (Olha para o nada, suponho que seja para o pai imaginário.) Está saindo fogo, é a raiva! Vou explodir de raiva! (Estica os braços e abre bem os olhos, estufa o peito, e começa a gritar.)

Analista: Por que tanta raiva do pai?

Paciente: Porque ele me traiu! Ele deixou os meninos mexerem comigo.

Analista: Como mexeram com você? (Penso se ele estaria se referindo a uma situação de assédio sexual.)

Paciente: Me humilharam! Eu disse, eu disse, eu disse que quando crescesse iria me vingar de você! Agora você vai ver, pai. (Abre os braços, estufa o peito e grita bem alto.) Você "tá" vendo isso aqui, pai (mostra uma massinha em forma de ponta). É uma agulha! Sabe onde você vai ficar, pai? No submundo das trevas! Sabe o que é isso aqui? (Pergunta olhando em minha direção, mostrando uma massinha no formato de um quadrado.) A caixa de Pandora. Agora eu possuo todos os males.

Analista: Você sabia que dentro da caixa de Pandora também tem a esperança?

Paciente: É isso aqui? (Mostra uma massinha no formato de uma bolinha.) Olha o que vou fazer com ela (faz um sopro). É fogo! Vou queimar e destruir a esperança!

Analista: Você já ouviu dizer que a esperança nunca morre?

Paciente: Vou destruir a esperança!

Analista: Acho que você deveria guardar a esperança, precisamos dela para te tirar desse estado e para se tornar um adolescente.

Paciente: Não tem mais esperança, eu não tenho esperança, jamais vou perdoar o pai!

Foi uma situação muita intensa vivida pela dupla (paciente e analista). Como ele, me sinto tomada pela desesperança.

Trecho da sessão de julho de 2010, início do terceiro ano, logo após o retorno das férias

Júlio Cesar está sentado remodelando suas massinhas, fala sem parar sobre uma batalha dos deuses, é uma narrativa confusa.

Paciente: Você sabe? Você sabe? Você sabe? Você sabe?

Demonstrava estar agitado, repetindo a pergunta várias vezes.

Analista: Eu não sei o que está acontecendo. O que está acontecendo?

Paciente: Eu não sei, eu não sei, eu não sei, eu não posso fazer nada...

Analista: Você está me dizendo que não sabe o que fazer com as confusões que tem em sua mente.

Paciente: Sabe o vulcão? Sabe o vulcão? Sabe quem acordou o vulcão?

Analista: Não, eu não sei.

Paciente: O pai.

Analista: Você tem razão... O pai acordou a fúria dentro de você, e agora não sabe o que fazer com o vulcão Júlio Cesar que está em erupção.

Paciente: Você sabe quem causou toda essa discórdia entre os deuses?

Analista: Seria o pai?

Paciente: Ele mesmo! Agora eles ficam entre eles dizendo "você me enganou, agora você vai morrer, o vulcânico também foi traído".

Analista: Parece que eles não podem confiar em ninguém. Mas você pode confiar em mim, você sabe que estou tentando te entender.

Paciente: Eu sei.

Seu tom de voz volta ao normal.

Analista: A terapia tem sido muito importante para você. Você sentiu muita falta de mim nessas férias.

Paciente: Você sabe, você sabe, você sabe que no mundo dos deuses não tem tempo?

Analista: É verdade... Na sua mente o tempo não passou, mantém-se como um bebê assustado com os monstros, mas há um corpo que seguiu o tempo, você tem tamanho e corpo de um moço de quinze anos, gostaria de ser um adolescente como os outros, mas se vê preso num tempo que não passou.

Comentário

No terceiro ano de análise observou-se uma evolução no processo de Júlio Cesar, pois ele conseguia se manter sentado, à espera do seu atendimento, não usava mais o banheiro na saída de seu horário, não incorporava o demônio e, embora seu pensamento se mantivesse em parte delirante, não havia dramatização e sua fala era compreensível.

Passou a demonstrar alguns sinais de integração de sua vida psíquica com a vida real. Durante sua fala consegue parar e me escutar, traz algum dado de sua realidade objetiva. Por exemplo, comenta sobre o jogo a que assistiu, sobre o passeio que fez no sítio. Seu interesse por esporte tem aumentado, penso que talvez o esporte possa ser uma busca de identificação construtiva com o pai: tem se interessado por basquete, esporte antigamente praticado pelo pai, e começou a jogar tênis.

Saída da fase delirante e uso dos mecanismos obsessivos

Em todas as sessões, Júlio Cesar pegava suas massinhas que confeccionara no início da análise, que representavam armas e vulcões, e ficava todo o tempo manuseando-as, sentado no chão. Atualmente com quase 1,90 m de altura, parecia não mais pertencer àquela sala. Entretanto, Júlio Cesar parecia não se ater a essa realidade.

No início do quarto ano de análise, após as férias, resolvi que as sessões seriam realizadas na sala de adulto. Propus um corte e inseri um dado de realidade a ele. Não houve resistências, parecia que estava esperando por isso, no entanto, manteve-se sentado ao chão, trazendo papel e lápis de cor da sala de criança.

Começou a produzir no papel traçados em linha reta, mantendo-se em silêncio. Chamava-me a atenção o fato de ele ficar sentado no chão, propus que se sentasse na poltrona e acomodei uma pequena mesa para executar seu trabalho. A princípio houve uma recusa, mas de alguma maneira ele acabou aceitando porque ficava desajeitado no chão, queixando-se de dores nas costas.

Passou a solicitar minha ajuda para pintar seus traçados e começou a escrever o seu nome e o meu em letra de forma. Em uma ocasião, mudou o traçado para um desenho de coração e ofereceu a mim.

No começo 2012, após as férias, Júlio Cesar voltou a fazer somente traçados e a falar sobre suas iras, uivava como um animal raivoso, dava gargalhadas como o Rei Supremo, do início do tratamento.

Sessão do final do quarto ano de análise

Às 13h, abro a porta para receber Júlio Cesar. Ele está sentado, entra sem me olhar. Senta-se na poltrona, ao lado está seu material:

papel, lápis, canetinhas. Percebe que o papel tem um nome. Esboça curiosidade com um sorriso. Digo que estamos sem papel sulfite e temos apenas esses. Pergunta-me:

Paciente: Você vai comprar papel sulfite?

Analista: Sim.

Pergunto se conversou com os pais para retomar o terceiro horário. A proposta seria terça-feira (em função dos horários da escola, tivermos de reduzir para duas vezes).

Paciente: Não, mas vou fazer sim, é terça-feira, que horas mesmo? Só que não dá para ser na semana que vem porque estou participando da Olimpíada do Clube. Quando acabar eu faço o terceiro horário.

Analista: Quando vai acabar a Olimpíada?

Paciente: Não sei, vou perguntar para o treinador.

Durante toda essa conversa, ele está fazendo seus traçados. Tento viabilizar outro horário. Pergunto quanto tempo demora a chegar quando sai da escola.

Paciente: Dez minutos.

Analista: Quem sabe depois da aula você pode vir.

Paciente: Não dá, eu tenho alongamento. Mas que horas eu sairia daqui?

Analista: Às dezoito horas.

Paciente: Talvez dê, o clube é bem perto daqui. Vou ver...

Continua a fazer seus traçados.

Digo que a terapeuta ocupacional me ligou para conversar sobre a atividade no Haras, disse-me que ele não quer mais ir.

Paciente: Quero sim!

Analista: Mas você está brigando para ir.

Paciente: Não "tô" não, é que estou cansado, então não quero ir.

Analista: Não há problema você não querer ir.

Paciente: Mas eu quero.

Levanta-se e vai até a sala de criança, fica lá por bastante tempo, traz o lápis de cor.

Analista: Tem um Júlio Cesar que tem saudade da sala de criança, onde vivemos muitas coisas.

Paciente: Não tenho não.

Analista: Penso que tem um Júlio Cesar que fica dividido entre a sala de criança e a sala de adulto. Entre querer e não querer ir.

Paciente: Não, não é não.

Analista: Me mostra seu papel. Ficou bom.

Paciente: Não, não ficou bom.

Analista: Não estamos conseguindo conversar.

Paciente: Estamos sim.

Analista: Tudo que digo encontra em você uma negativa.

Paciente: Não, não encontra não.

Analista: Com tantas recusas não podemos conversar.

Paciente: Podemos sim!

Vou me sentindo cansada no decorrer da sessão.

Analista: Estou me sentindo cansada.

Paciente: Não está não!

Analista: O que será que ocorre?

Silêncio.

Analista: É o ódio!

Paciente: É o estresse, é meu pai, é minha mãe! Quero matar meu pai! Quero humilhar meu pai! Quero matar minha mãe!

Analista: Você está falando do ódio que tem dos seus pais.

Paciente: Meu pai judiou muito de mim, agora ele tem que pagar. Vou torturar ele!

Analista: É isso que tem feito, torturando seus pais, provocando-os, deixando-os com muita raiva de você.

Paciente: É a vingança!

Ri, dá gargalhadas... Dirige-se a mim:

Paciente: Você também quer matar seu pai?

Analista: Não.

Paciente: Você odeia seu pai?

Analista: Eu amo meu pai.

Silêncio.

Paciente: Sabe, tem criança que não tem nada, não tem esse tênis, por exemplo, são moleques de rua, ficam pedindo esmola.

Analista: Você não pode sentir gratidão pelo que seu pai pode te oferecer.

Paciente: O que acontece se eu não consigo ter gratidão?

Analista: Você fica tomado pelos ódios, e isso te perturba. Estamos aqui para te ajudar, mas é bem difícil...

Paciente: Não é não! Você é cheia de confiança!

Analista: Você tem muita confiança em mim e não quer que eu perca as esperanças. Você confia em mim porque conseguiu se libertar do Rei Supremo dentro de você, e acredita que podemos tirar esse ódio de dentro de você.

Encerramos o horário. Ele leva os lápis para a sala de criança e, ao sair, diz:

Paciente: Eu te amo.

Transferência psicótica: o ódio vivido na relação analítica

Em meados do quinto ano de análise, ele entra e vira o rosto para evitar o contato visual com a analista. Em seguida, me xinga de fedorenta.

Entra na sala de adulto e logo sai; vai até a sala de criança, onde pega as massinhas que estão dentro de sua gaveta, a mesma que usava quando criança.

De volta à sala de adulto, ele afasta o tapete, se senta no chão com as massinhas na mão e começa a manuseá-las. Observo a cena e sinto pena em ver um "homem" de quase dois metros mexendo com massinha.

Paciente: Vou soltar meu peido fedido.

Analista: Você está me dizendo que dentro de você tem coisas estragadas e o que sai são coisas fedidas. O mundo à sua volta também é fedido, por isso me xinga de fedorenta. Tudo é estragado e fedido.

Paciente: Por que você não me mata? Pega uma arma e me mata!

Analista: Eu não quero te matar, quero te ajudar.

Paciente: Sua idiota!

Analista: Tudo o que entra em você se transforma em coisas fedidas. É como se tivesse uma máquina de ódio dentro de você e tudo o que entra fica estragado.

Paciente: E tem mesmo! (Ri alto.) Vou matar meu pai!

Analista: Você tem muito ódio do seu pai.

Paciente: Eu te odeio! Você que mandou meu pai bater em mim.

Analista: Hoje seu pai não bate mais em você, mas o tempo ainda não passou para você. Ainda se sente como aquela criança, não percebe que já tem dezoito anos, ainda quer brincar de massinha.

Paciente: E aí? Você que mandou meu pai bater em mim. Sua idiota!

Analista: É muito difícil eu tentar te ajudar, você tem muito ódio de mim também, tudo vira ódio.

Paciente: E se eu te xingar de, de, de... Você me manda embora?

Analista: Você quer colocar seu ódio em mim, quer que eu fique com ódio também.

Paciente: Você é uma idiota!

Analista: Se fico com ódio de você, você estraga o que tenho de melhor: o querer te ajudar.

Paciente: Eu vou ligar o celular, vou ligar o celular.

Analista: Você precisa pôr o ódio dentro de mim, assim você se alivia um pouco. Estou entendendo.

Paciente: Sua fedorenta, fedida. Cheira meu pum fedido.

Analista: Estou ficando com ódio de você, Júlio Cesar, e se eu fico com ódio, junto com o seu ódio, não vai dar para eu te ajudar e a terapia não vai funcionar.

Paciente: Idiota, idiota! (Ele ri alto.)

Analista: Como estou ficando com ódio de você, vou ficar quieta.

Paciente: Olha, se eu te xingar, por exemplo, é só um exemplo, xingar de prostituta, o que você vai fazer?

Analista: Vou entender que você quer uma prostituta para fazer sexo. Você é um jovem e tem curiosidade em sexo, tudo isso te deixa muito perturbado.

Paciente: Vai me matar? Vai me matar?

Analista: Quanta violência, Júlio Cesar, o ódio é muito grande e minha disposição em te ajudar vai ficando pequena.

Fico em silêncio. Ele também.

Paciente: Sua escrava!

Analista: Você é escravo do seu ódio, não consegue se libertar. Quer me tornar escrava dele também.

Paciente: E daí! Sua idiota! Vou te matar!

Fico em silêncio.

Paciente: Que horas são?

Analista: Faltam cinco minutos, vamos começar a guardar?

Paciente: Faltam cinco minutos, é para guardar? Faltam cinco minutos, é para guardar? Hein, é para guardar?

Analista: Sim.

Paciente: Já chegou seu paciente? E seu eu não guardar? É para guardar?

Fico em silêncio.

Analista: Deu nosso horário, vamos indo?

Paciente: Já deu nosso horário?

Analista: Já.

Permanece sentado da mesma forma, mexendo com as massinhas. Insisto que é para guardar. Ele se levanta lentamente, vai à sala de criança guardar a massinha, demora para sair, aguardo. Ele vem para a sala de adulto, estica a mão, digo que o aguardo na quinta-feira. Júlio Cesar estica o braço de novo e insiste em me dar a mão. Faz menção de me abraçar, me afasto, digo que já encerramos, ele passa a mão em meu cabelo.

No decorrer do ano, os ataques de Júlio Cesar à analista foram se intensificando, até o seu apogeu, em uma sessão que denominei "No limite".

Sessão de 17 de outubro de 2013

Quando abro a porta, Júlio Cesar entra com os olhos fechados, vai até a sala, se senta na poltrona e cobre o rosto com o capuz de seu moletom. Começa xingando a analista de capeta, folgada.

Comento que inicia o contato me odiando e encerra me amando, aponto que há dois Júlio Cesar, um que odeia e outro que ama. Sentado à minha frente, tenta me chutar.

Digo que está agitado, talvez por ser uma sessão de manhã e ser difícil o despertar.

Paciente: Sua folgada!

Tenta me chutar novamente. Digo que está muito agitado e está muito difícil se conter. Continua tentando me chutar. Percebo que está com o pênis ereto. Entendo que não dá conta de um corpo que cresce e não tem um destino a dar a esse corpo pulsional.

Falo que pela manhã os homens acordam com o pênis ereto, e vejo que ele não sabe o que fazer e isso o deixa agitado.

Paciente: (Gritando.) E o que se faz?

Analista: Os homens vão ao banheiro.

Continua a me chutar, até que me acerta na perna. Digo que não vou permitir que ele me machuque.

Paciente: E daí? Vou te chutar, sim! Vou chutar de novo!

Comunico a ele que vou interromper a sessão, ligar para sua mãe vir buscá-lo.

Paciente: Não liga não! Vou parar! Vou parar!

Analista: Júlio Cesar, você está percebendo que está muito agitado?

Continua tentando me chutar.

Analista: Veja, Júlio Cesar, você não está conseguindo se conter. Sente algo em si que não cabe em você e precisa vazar para fora. Isto é tão intenso que não consegue pôr em palavras, somente no corpo, me chutando, andando de um lado para o outro. Eu posso estar com você e te ajudar, mas se você ficar me chutando, não poderei ficar com você.

Paciente: O que vai fazer? (Pergunta em um tom desafiador e me chuta de novo.)

Levanto-me, vou à outra sala e trago o telefone, digo que vou ligar para sua mãe vir buscá-lo, vamos interromper a sessão. Ele tenta me chutar de novo, me acerta, mas não me machuca. Ligo para a mãe dele e pergunto se ela pode vir buscá-lo mais cedo, mas eu não explico o motivo. Sinto-me invadida de sentimentos ruins, percebo que estou perdendo minha capacidade de trabalho.

Analista: Sua mente está tão possuída de coisas ruins, odiosas, que você precisa pôr na minha mente para sentir-se aliviado.

Pela sua fisionomia me pareceu ter um momento de integração.

Paciente: Você acha?

Analista: Sim.

Paciente: Não "tô" nem aí! Quero que você se foda! (Chuta-me novamente.)

Analista: Júlio Cesar, se eu ficar com a minha mente cheia de ódio, não vou conseguir te ajudar. Preciso manter minha mente em condições de te ajudar, para cuidar da nossa relação. É melhor encerrar a sessão.

Paciente: O que você vai falar com a minha mãe?

Analista: Vou querer saber sobre a sua medicação, se foi muito difícil acordar, e dizer que a nossa sessão hoje não está sendo útil para te ajudar, e que você volta na próxima sessão.

Quando a mãe chega, convido-a para entrar na sala. Ele está mais contido, participa da conversa que tenho com ela.

Sessão seguinte - 18 de outubro

Júlio Cesar tem horário às 15h. Telefona às 15h35 dizendo que vai se atrasar. Quando chega, entra com os olhos fechados, senta-se na poltrona. Começa me xingando de folgada, dizendo que sou culpada, a culpa é toda minha.

Digo que precisa depositar em mim as causas de seu sofrimento.

Paciente: E se eu te chutar? O que você vai fazer?

Analista: Já tratamos disso ontem.

Paciente: Você vai interromper a sessão e chamar minha mãe?

Repito que já tratamos disso.

Paciente: (Em tom provocativo.) Vou ligar o celular! Vou ligar o celular!

Analista: Júlio Cesar, você quer me provocar, colocar o ódio dentro de mim, quer que eu fique brava até você ficar com medo, parece que você só se contém quando está com medo.

Paciente: (Provocando.) Vou ligar o celular, vou ligar o celular.

Digo que se fico com raiva não posso ajudá-lo. Ele me xinga de idiota, de folgada. Respondo que tudo que ofereço ele transforma em xingamento, em violência.

Ele deita-se no chão ao lado dos meus pés. Começa a acariciar meu pé. Digo que não vou permitir que ele me chute nem que me acaricie. Ele insiste em me tocar. Sou tomada por uma irritação, sinto-me invadida. Falo que está sendo intrusivo com aquela atitude. Ele parece não me escutar e continua a me alisar.

Afirmo a ele que temos de interromper. Percebo que estou sem condições de trabalhar com Júlio Cesar. Ele continua a me acariciar. Sou tomada por uma ira que não consigo conter. Perturbada, começo a falar que estou tomada de raiva, um sentimento terrível de ódio, estou me vendo como ele se sente. Um sentimento de querer explodir!

Júlio Cesar pega um lápis, coloca na sua garganta e começa a pressionar, fixando o olhar em mim. Digo-lhe que está assustado com o meu estado alterado, mas que eu estava assim naquele momento. Asseguro que isso passará e que eu estarei inteira na próxima sessão.

Paciente: Você vai ficar bem?

Respondo que sim, minha mente não vai ficar estragada. Ele deixa o lápis e se acalma.

Eu percebo que não estou conseguindo ajudar Júlio Cesar a conter seus ódios dirigidos a mim, fiz várias tentativas como interpretar e me afastar dele, dizendo que ficaria na sala ao lado até ele se acalmar. Ele no início mantinha-se quieto, depois passou a ir até a sala onde eu estava e continuar me xingando.

Fui falando com ele que precisava dele para cuidar da nossa relação, mostrando o seu movimento de destruir o que tinha de muito precioso, isto é, o nosso trabalho e, mais do que isso, minha disposição e meu desejo de ajudá-lo.

Os meus argumentos pareciam ser em vão. A mudança ocorreu quando eu disse que não o atenderia na sessão seguinte. Ele indaga a razão, eu lhe respondo ser a forma que eu estava encontrando para proteger nosso trabalho; digo-lhe me sentir impedida de atendê-lo porque, dentro de mim, estava tomada de raiva. Não o atenderia porque, nessas condições, eu não estaria apta a ajudá-lo.

Considerações finais

As situações "traumáticas" nas primeiras relações objetais obstruem o caminho para a formação de uma mente simbólica, que é o produto da introjeção, passo a passo, das interações iniciais. Suponho que Júlio Cesar somente conseguiu se conter ao viver a concretude da minha impossibilidade de atendê-lo diante de tantos ataques feitos a mim.

Seu movimento para se conter parece ter ocorrido em virtude de seu desejo de proteger nossa relação, por acreditar em nosso trabalho, o que me fez pensar sobre a importância do nosso vínculo construído durante todo esse período.

O árduo trabalho com Júlio Cesar foi acompanhar seu estado de mente predominantemente cindido e fragmentado, em meio a uma dor emocional "hemorrágica". Tolerar a violência do ódio que se expressava em seus delírios e na relação com a analista que exigiu desta, uma condição de mente de muita continência. Se dispor a adentrar em um mar turbulento e furioso juntamente com Júlio Cesar, sem que a analista se afundasse neste mar, foi crucial para que ele pudesse expandir seu núcleo sadio.

Ressalta-se que Júlio Cesar construiu um mundo delirante e onipotente como única forma possível de sobrevivência psíquica. Viver num mundo de deuses e poderes o protegia de uma realidade dolorosa, de sua fragilidade e seu desamparo.

4. Caso João

Um encontro em análise

O paciente a quem chamarei de João procurou-me há cerca de vinte anos. Desde então, temos estado em análise por períodos que se interrompem e retornam. Algumas interrupções são curtas, como três a quatro semanas, outras são longas, como dois anos. No momento, estamos numa interrupção de três anos, perfazendo cerca de doze anos de análise. Suas queixas sempre foram em relação ao seu comportamento com as mulheres, embora durante sua terapia tenham se observado outras questões de relevância; na maior parte das vezes, sua vida amorosa era a causa principal do comprometimento nas outras áreas do seu existir. Relações turbulentas, com apegos tenazes em intensidade, mas facilmente quebradiças. Muita violência verbal, mas em algumas ocasiões chegou à violência física. Certa vez chegou a jogar seu carro contra o carro de uma namorada, após uma grande discussão. Suas brigas quase sempre eram fortuitas e, quando relatadas nas sessões, já não se lembrava por que motivo tinha iniciado a contenda.

De comportamento bastante repetitivo, suas crises iniciavam quando, numa relação amorosa, dizia perceber nas entrelinhas dos gestos da namorada uma cobrança de compromisso ou desconfiança (quase sempre justificadas, pois sempre se relacionava intimamente com, no mínimo, duas parceiras, contudo considerava apenas uma como namorada ou, quando "casado", esposa).

O relato mais comum e constante era sair com a namorada, ir a algum programa (cinema, teatro, jantar...) e terminar a noite num encontro sexual. Ao levar a companheira para casa, em geral à porta, qualquer coisa na fala dela motivava o início de discussão verbalmente violenta, com muita agressividade por parte dele. A parceira em geral corria para dentro de casa, aos prantos, e ele partia com seu carro em alta velocidade para a casa dele. Na solidão do seu apartamento, rapidamente se dava conta do ocorrido e entrava em desespero, que sempre denominava "febre", iniciando uma intensa tentativa de falar com a namorada, às vezes por telefone, chegando a ligar mais de cinquenta vezes caso ela não o atendesse. Por vezes, saía de volta à casa da garota, mesmo durante a madrugada, e desesperadamente chamava-a até ser atendido. Em outros momentos, depois da discussão, ao sair em desabalada corrida com o carro, voltava depois de apenas algumas quadras. Em algumas ocasiões, o entrevero ocorria quando ele estava de plantão, e João não hesitava em abandonar o local de trabalho, pondo em risco sua reputação profissional, bem como a vida de seus pacientes (sempre que isso aconteceu, havia outros médicos no local, estagiários e residentes, de modo que os pacientes não ficavam totalmente abandonados à sorte, embora o cargo dele fosse de chefia).

Com a aquiescência da namorada em novamente atendê-lo, apesar do acontecido, João iniciava se desculpando, pedindo perdão, fazendo inúmeras promessas, para novamente acusá-la de, no fundo, ser a única responsável por tudo que acontecera. Claro que tudo começava novamente e a sequência se repetia, às vezes por duas ou três vezes.

Um pouco da história de João

João nasceu em uma cidade do interior, numa família de poucos recursos emocionais, econômicos e culturais, filho primogênito com mais dois irmãos legítimos e um meio-irmão por parte de pai. Descreve sua mãe como uma pessoa muito humilde, simplória, distante e fria emocionalmente. A mãe não o amamentou, em vez disso, passou essa tarefa para uma vizinha que se tornou sua ama de leite. João não sabe por quanto tempo foi amamentado pela vizinha, mas acredita que tenha sido por tempo significativo. A maneira de sua mãe demonstrar atenção e amor era por meio de cuidados com a alimentação e a vestimenta dos filhos. O pai de João tinha uma oficina própria, muito modesta, o que determinou uma vida de muitas dificuldades econômicas. João conta que seu pai se envolveu com outra mulher, com quem teve um filho. Quando o paciente tinha cerca de oito anos de idade, o pai abandonou a família para viver com essa mulher. Vários anos após ter abandonado a família, o pai retorna ao lar, trazendo consigo o filho que tivera fora do casamento. Esse filho foi recebido por todos e passou a fazer parte da família, como se sempre tivesse feito parte dela.

João nunca aceitou bem o fato de seu pai ter abandonado o lar e parece ter aceitado menos ainda o seu retorno. Ele sempre se referiu a ficar revoltado ao interpretar que seu pai ficava triste por saudade da amante que o deixara.

João faz poucas referências à sua primeira infância. Na adolescência, com o crescimento da sua sexualidade, refere-se a práticas masturbatórias e um tipo de voyeurismo que ocorria quando sua mãe, que era costureira, recebia suas clientes em casa e João se escondia para vê-las fazerem as provas de roupa. Ao mesmo tempo que se via compelido a isso, sentia-se extremamente culpado. Nessa época aderiu à religião e diz ter se dedicado a ela como forma de expiação.

O paciente entrou para o grupo de jovens da igreja de sua comunidade, ao qual se entregou fanaticamente. Nessa época, conhece, neste movimento de jovens uma moça por quem se enamora perdidamente. No entanto, ao se declarar a ela, convicto de que pela sua dedicação religiosa e liderança grupal seria prontamente aceito, é rejeitado, fato do qual parece nunca ter se recuperado. Todas as vezes que se recordava do fato, notava um tom melancólico que me fazia pensar numa ferida narcísica, evidenciando que o luto não estava suficientemente elaborado. Quando visitava sua família em sua terra natal, durante muitos anos, procurava saber dela, isso quando não a espionava, e algumas vezes tentou contato sem conseguir êxito.

João sempre foi um aluno bastante dedicado aos estudos, o que lhe proporcionou o ingresso na faculdade de Medicina. Durante o curso universitário, iniciou namoro com uma colega. Era um relacionamento atribulado, que prenunciava comportamentos que iriam se repetir, como os descritos anteriormente. Já havia ciúme excessivo e violência.

Esse relacionamento foi terminado definitivamente por decisão dela. Não aceitando isso, João a persegue intensamente por muitos meses e, ocasionalmente, por alguns anos, sendo este o comportamento que se repetirá nos namoros de João.

Depois de formado, João muda-se para outra cidade, onde faz sua residência e se especializa. Logo adquire respeito profissional e é contratado por hospitais da região da cidade em que se encontra e pelo próprio hospital-escola, onde, mais tarde, alcança o *status* de professor.

No final da residência, João começa a namorar uma jovem divorciada e repete as atribulações de seus relacionamentos anteriores.

É nesta época que inicia sua análise.

Essa jovem engravida e João estabelece com ela moradia, sem oficializar sua união. Nasce sua filha. João se revela um pai dedicado, preocupado e amoroso. A relação com sua companheira vai se deteriorando e ele passa a ter casos com inúmeras mulheres. Chega a sair, num mesmo dia, com quatro mulheres diferentes. Para tal furor sexual se utiliza de medicações para conseguir ereções prolongadas. Separa-se por vontade própria, mas isso em nada altera o seu comportamento, ou seja, ele passa a persegui-la com ataques de ciúmes intensos ao menor sinal da possibilidade de ela vir a estabelecer relacionamento com um novo alguém, inclusive fazendo vigilância em sua porta ou a seguindo quando saía. Certa vez em que ela jantava com um amigo, ele chegou a abordar o casal, tirando satisfações do fato.

A análise

Durante os primeiros seis anos de análise, ele parece repetir o comportamento de afastamentos e aproximações de seus relacionamentos amorosos. Às vezes, quando se sente mais forte e melhorado, se afasta da análise por semanas e até meses. Curiosamente nunca repetiu comigo as brigas que costumeiramente tinha com outros. Seu relacionamento comigo sempre pareceu muito cordial, embora em alguns de seus afastamentos temporários eu sentisse que havia algo de ódio transferencial, sempre negado por João quando isso era interpretado. Relembro que João se referia a seu pai frequentemente com sentimentos de ódio, mas nunca revelou quando se relacionava com ele.

Reaparece na análise pedindo socorro quando está em grande sofrimento. Durante seus períodos críticos, também se indispõe com colegas e chefes, o que acarreta tanto demissões voluntárias quanto involuntárias de vários serviços, comprometendo, com frequência, suas condições financeiras. Refere algumas vezes ter receio de ficar sozinho em seu apartamento, como se algo de ruim fosse acontecer. Outras vezes, chega a temer o risco de suicídio, sem que este desejo estivesse suficientemente formulado. Durante os fins de semana de visitas de sua filha, que ocorriam em sua residência, dizia que trancava todas as facas ou objetos cortantes, pois tinha medo de que a criança se ferisse, mas algumas vezes achava que ele poderia ferir a própria filha, sem que houvesse esse desejo explícito, mas achava que poderia enlouquecer e perder o controle de si mesmo em algum momento.

Quando na análise se via confrontado com este lado destrutivo de sua personalidade, como reconhecimento de que de fato havia muitos estragos, muitos ferimentos, muita violência, contra si e contra os outros, aumentava a ingestão de bebidas alcoólicas, além de certo excesso já normalmente presente. Com frequência a análise lhe mostrava o quanto tentava anestesiar a dor sentida e o quanto isso também lhe afastava da realidade interna, mas sem modificá-la, lhe colocando continuadamente em uma compulsão à repetição.

Com mais tempo de análise, João conseguiu estabelecer um relacionamento amigável com sua ex-parceira em prol da educação de sua filha, sem se incomodar com o fato de ela ter se casado novamente. Logrou desenvolver uma estabilidade profissional, mantendo finalmente seus empregos e bom relacionamento profissional com colegas, patrões e funcionários, além da abertura de seu consultório particular, onde estabeleceu numerosa clientela.

Ficava evidente uma grande cisão de sua personalidade na ocasião em que se fazia presente o médico. Apresentava grande sensibilidade e bastante empatia ao sofrimento dos pacientes, mostrando realísticas preocupações. Certa ocasião veio à análise especialmente angustiado com um paciente que, após um acidente vascular cerebral, apresentava síndrome de encarceramento, em que o paciente se encontra consciente, mas incapaz de se comunicar com o mundo externo, pois se encontra incapacitado de realizar qualquer movimento. Neste caso, nem movimento ocular existia. Só se sabia do estado do paciente por registros eletroencefálicos.

Interpretei a João que ele se identificava com o paciente, pois muitas vezes ele se sentia encarcerado em si mesmo, desconectado entre sua mente e seu corpo. Às vezes pensava e não conseguia agir adequadamente, e às vezes agia sem conseguir pensar.

Tudo parecia ir bem até que João inicia um "caso" com uma enfermeira - Maria - do hospital onde ambos trabalhavam. Maria era casada com um colega de profissão, conhecido de João. Entramos em um período de grande turbulência na vida do paciente e que se estende à análise, muitas faltas, muitas atuações...

As relações do caso se estabelecem como as anteriores, com evidentes complicações devido ao fato de misturarem atividades profissionais, além do fato de Maria ser casada. Estabelece-se uma relação do tipo fatal, com grande agressividade entre ambos, que se separavam e se aproximavam com atuações perversas.

Certo dia João me telefona às três horas da manhã, completamente transtornado, referindo que numa reunião rotineira do centro médico, na qual o marido de Maria estava presente, João se dirigiu a ele e contou tudo que estava passando entre ele e Maria. Obviamente o marido ficou furioso e ameaçou João de morte. Estava fugindo, pois constava que o outro lhe procurava armado. Nessa condição desesperadora me procurava.

Como meu consultório na época era na minha residência, me propus a atendê-lo naquela hora, o que ele aceitou de pronto.

João chegou transtornado, visivelmente em pânico, me relatando o ocorrido, e dizendo que havia tomado essa atitude, de contar sobre o relacionamento ao marido, pois Maria havia proposto à tarde que eles terminassem o caso, uma vez que ela não queria mais estar com ele. Ele a agrediu em represália e, ao saírem do local, ele jogou seu carro contra o dela, sendo que ela conseguiu desviar a tempo.

Procurei de início, naquele momento, acolher sua angústia, e o aconselhei que procurasse um advogado para lhe auxiliar na busca de proteção física. De minha parte, me coloquei à disposição para continuarmos a cuidar de seus aspectos mentais, mas impus algumas condições. Primeiro, aumentar suas sessões, que na época eram três vezes por semana, para cinco vezes. Segundo, que não houvesse mais faltas injustificáveis e, me lembrando de uma das recomendações de Freud, que ele não tomasse nenhuma atitude importante sem antes colocá-la para a análise.

Ele pareceu relutar, mas eu disse que não mais negociaria com ele, pois ele não estava em condições mentais de negociar e, além disso, se havia me procurado depois de tudo e àquela hora da madrugada, é porque havíamos chegado aos limites do possível.

A situação evoluiu com a separação do casal. O marido não mais ameaçou João, que se afastou de pronto de Maria, que também se manteve a distância.

Inclusive João deixou o trabalho em questão e se transferiu para outro hospital. Ainda houve algumas situações com as quais fomos lidando à medida que foram aparecendo.

Cito aqui duas sessões que ocorreram tempos depois.

Uma sessão

Depois de ter faltado a duas sessões seguidas, João entra um pouco agitado no consultório e se deita no divã. Começa, então, uma longa série de reclamações. Diz que tudo estava muito ruim e ele, muito sozinho, não conseguia ficar consigo mesmo, estava tudo do mesmo jeito e ele só ficava pensando em Maria, de quem já estava separado havia dois meses. Acordava pensando em estar com ela e, ao mesmo tempo, sentindo um enorme ódio dela e muita vontade de agredi-la.

Eu senti que o discurso era repetitivo; praticamente idêntico ao de inúmeras outras antigas sessões. Não conseguia sentir consistência em suas reclamações, tampouco notava a presença da raiva declarada. Necessitei fazer um esforço não usual para continuar ouvindo-o e, mesmo assim, não conseguia ver sentido algum no seu discurso. Eu procurava o novo, mas não conseguia encontrar. Senti que o novo não estava ali. Permaneci em silêncio por um longo tempo, enquanto ele continuava se lamentando. Recordei-me, neste momento, de que o paciente tinha o hábito de se aproximar das pessoas queixosamente, acreditando que, com isso, obteria seu total afeto e consideração, principalmente após alguma tempestade emocional ou alguma falha. Interrompi o seu discurso dizendo: "Eu penso que você deseja me contar alguma coisa, mas antes precisa me preparar para te ouvir".

João interrompe o discurso e, não me parecendo nada surpreso diz: "Olha, quer saber? Eu estava lá no plantão, três horas da manhã, não conseguia dormir, liguei pra Maria. Ela atendeu e até que me ouviu. Mas sempre daquele jeito, me afastando, dizendo que agora quer cuidar da vida dela, quer dar um tempo sozinha, cuidar da filha e se reconstruir. Ela fica repetindo isso e eu dizendo que amo ela, que a gente não pode ficar assim, nós temos que ser adultos, conversar, nos entender, que a gente pode ser pelo menos amigos, que eu já larguei o hospital, fui trabalhar em outro lugar porque se não ia ficar um clima insustentável e eu não ia conseguir me segurar, mas nesses meses eu não parei de pensar em Maria, a situação ocorreu no local de trabalho. No fim ela concordou em conversar comigo, mas aí, sabe, a gente trocou farpas. Parece que ela não esquece que eu bati nela. Aí, sexta à tarde a gente saiu. Foi ela até que sugeriu o lugar.

Nós chegamos juntos e ela foi toda arrumada. Sabe, ela estava muito bonita. Eu sei que ela "se acha", mas eu sei que ela gosta de mim e aí acabamos falando as mesmas coisas. Ela nunca fala que não gosta de mim. Que não quer saber mais. Ela nunca dá a entender um fim. Pelo contrário, fica com aquela cara de "quem sabe?", "se eu insistir um pouco mais...", aí no final ela fala que eu não sei ouvir "não". Ela fala que agora não, que agora ela quer ficar com ela mesma. Aí eu já penso "então quer dizer que mais tarde...". Bem, acabamos indo embora, mas numa boa. Eu tentei dar a ela de novo a aliança de compromisso que a gente tinha usado quando estávamos juntos, mas ela não aceitou. Mas aí eu dei umas fitas com músicas que me fazem lembrá-la e ela levou prometendo ouvir. Enquanto ela se afastava, eu fiquei pensando "por que eu faço isso comigo? O que eu estou fazendo aqui? Por que eu estou atrás dessa mulher? No fundo ela não tem nada para me dar, nunca me deu nada, e continua não tendo nada pra me dar".

Durante este relato, todo o aparente progresso que havíamos feito nos últimos meses parecia ter se desvanecido em fumaça, produzindo em mim sensações de frustração, raiva e uma impressão de que tivéssemos cometido um retrocesso, que ia começar tudo de novo.

Voltávamos à queixa principal: sua relação com as mulheres, variando do amor ao ódio em segundos, com momentos de perseguição e violência, que combinamos manter no ambiente analítico. Avaliando essas sensações, me recordei de um período angustiante que havíamos passado durante o qual o paciente atuava muito, tanto na análise como fora dela. Era novamente uma repetição: as faltas, a angústia, a atuação, parecia um velho hábito, me vindo uma imagem de alguém revolvendo as mesmas gavetas, quando se procura algo que não se está encontrando, mas continuamos a insistir. Disse então a ele:

Analista: "Parece que você se dedica a procurar "não-sei-o-quê", onde você já procurou. Procurou, procurou e não achou. Parece que espera que eu faça a mesma coisa, que eu sinta a mesma coisa, fale a mesma coisa. Parece que quer andar pelos mesmos lugares onde já estivemos, atrás de uma interpretação que ainda não dei e não consigo dar, aí viro um analista pobre, que não tem nada pra te dar. Mas quando a gente está próximo, se aproximando de algo, se aproximando de uma situação em que talvez eu possa te ajudar, te aproximar desse algo, você se assusta e não vem. Abandona o que tem e procura o que não tem.

João fica um tempo em silêncio e, com uma voz pesarosa, diz:

Paciente: "É... minha mãe dizia que, quando pequeno, sabe... eu pedia os brinquedos mais interessantes, mais caros, e eu acabava ganhando, mas dois dias depois eu largava, perdia o interesse e nunca mais pegava. De fato, eu fico pensando "e se ela dissesse sim? O que eu ia fazer? O que eu ia dizer para os outros? O que eu ia dizer para a minha filha? E aí, será que eu não ia querer as outras também?".

João ficou um tempo pensativo, e eu encerro a sessão dizendo que, por hoje, teremos que ficar por aqui.

Outra sessão

Faltou ontem, mas foi à psiquiatra – iniciou consultas com uma colega psiquiatra há três semanas, por conta própria.

João começa dizendo que está bem melhor. Diz que ainda tem pensamentos a respeito de Maria, porém não pensou mais em ligar para ela.

Paciente: "Na verdade, eu até vi a Maria, ela estava estacionando em frente ao clube e eu ia passando. Eu parei e a cumprimentei. Ela pareceu bastante assustada. Acho que ela sempre pensa que eu vou agredi-la, que eu vou bater nela de novo. Mas eu só perguntei se ela estava com a minha fita e ela disse que tinha deixado na casa dela. Eu disse "tudo bem, outra hora você me manda". Despedi-me e fui saindo, ainda olhei ela atravessar a rua e ela estava com roupa de nadar, um sarongue transparente; ela é muito magra, nem bunda tem. Aí eu fico pensando o que é que eu vi nesta mulher? Tem tantas outras muito melhores querendo sair comigo... É, acho que é isso mesmo: ela é a que não quer sair. Hoje eu fui pegar minha filha e a ex estava lá, de saia, ela é muito gostosa. Ela ainda tem a melhor bunda que eu conheço. Até convidei ela pra gente sair, se ela não queria ir com nossa filha jantar, comer alguma coisa. Ela, claro, ficou relutante, mas disse que não faz o menor sentido, que não é legal, que a vida não é desse jeito. É, mas eu não estava mesmo a fim, falei por falar. Eu penso que está na hora de deixá-la de lado, ela ter a vida dela e eu a minha, está na hora de eu pensar em mim, tentar reconstruir uma família, procurar uma pessoa, mas aí eu penso na bunda dela, e penso, sabe, voltar para casa, ficar com isso mesmo, mas ela é muito chata, e depois já tem um novo marido na jogada.

Durante sua fala, que não é nova, passam por mim várias associações: bunda, alguém que vai, uma mãe indo embora, duas nádegas, dois seios, duas mães. A mãe e a ama de leite. Com qual ficar? Associo também o analista e a psiquiatra.

Analista: "Parece que, com frequência, o senhor se sente ainda o bebê que não sabe com quem ficar – com a mamãe ou com a ama de leite; com a ex ou com Maria; comigo ou com a dra. X. Parece que ninguém é completo; podem lhe dar algo, mas não tudo: sempre tem algo de bom, algo de ruim, algo que falta e que você tem que buscar em outro.

Paciente: "É, você tem razão. Basta eu ficar com alguém, eu começo a ver defeitos. Até mesmo Maria. Ela tem um tique de levantar um olho quando fala, e isso nunca me incomodou. Mas, nesta última vez em que ela aceitou falar comigo, isso já começou a me incomodar. E, às vezes, eu fico imaginando que eu queria realmente poder falar o que eu penso, mas aí eu fico com medo de magoar, mas quando vejo eu já estou magoando. Por exemplo, sabe aquela garota que eu levei na minha casa a semana passada? Ah... na hora do "vamos ver" ela ficou com muita frescura, ela já estava na minha cama, pelada, já tinha me chupado, eu já estava doido, e ela ficava fechando as pernas, "não, não sei", aí eu falei "pode parar... põe a roupa e vamos embora. Eu já não sou mais criança, você também não, para você chegar a esse ponto e ficar com essa frescura toda. Não está a fim me diz logo e pronto". Aí ela tentou argumentar, ficou sem graça e disse: "Você ficou bravo?". "Sabe...", – eu disse," está tudo bem". Levei-a pra casa e ela falou: "Liga pra mim!", e eu disse "não, liga você quando você quiser". Mas já faz uma semana e eu não liguei, ela também não ligou, mas... já estou pensando em ligar.

Algumas associações me passam e opto por privilegiar a fantasia de ele estar colocando partes dele no outro, e depois ir conferir.

Analista: Você colocou sua raiva nela e agora quer ir ver o que virou.

João riu e disse:

Paciente: É, eu tenho mania de conferir mesmo. É, você até já sabe que eu, quando vou à casa da S. (outra ex-namorada), dou um jeito de olhar em tudo. Vou olhando na gaveta, confiro se as camisinhas que deixei lá não foram usadas, espio se na agenda dela tem um telefone novo, você vê, né? Eu separo, mas tenho que ir lá conferir. Nós não temos nada a ver, S. é uma mulherzinha encrenqueira, ranzinza, tem nojo de tudo, só pensa em dinheiro, mas eu tenho que ir lá conferir, e eu tenho certeza de que, se alguém se aproximar dela, o ciúme vai bater e eu vou fazer de tudo para ficar atrás dela.

Durante sua fala, a música *Trocando em Miúdos* (de autoria de Chico Buarque de Holanda e Francis Hime) não me sai da cabeça, uma letra que tem tudo a ver com separações. Então lhe digo:

Analista: Para se separar de alguém, livra-se do ruim, mas perde-se o bom. Não há ninguém que seja totalmente mau ou totalmente bom. "A gente leva o Neruda que ela nunca leu, o resto pode guardar, as sobras de tudo que chamam lar. Até pode uma saideira e muita saudade, mas a gente bate o portão e carrega a impressão de que já vai tarde". E aguenta!

Paciente: "E eu não "aguento", né? Não aguento nem ser sincero. Quando eu estava visitando minha filha na casa da avó, lá sentado com minha ex-sogra a meu lado, uma garota do hospital me ligou convidando para uma festa, hoje à noite, e aí eu fiquei todo sem graça ao telefone, fiquei pensando no que minha sogra iria dizer, eu saindo por aí, deixando a filha dela sozinha. Fico como se fosse um menino fazendo arte. Aí eu fico na dúvida se vou à festa ou se vou na S. Aí já lembro que ela pediu dinheiro para viajar com a filha, ela vai tirar férias e vai passar uma semana fora da cidade. Ela até me convidou para ir junto, mas aí eu pensei que se fossem só umas três trepadas estava bom, mas uma semana..."

Analista: É, uma semana vira compromisso, fica sério. Aqui também, né? Mais de três sessões por semana, como é que fica? Você começa a ver coisas, às vezes se sente um menino arteiro, mas sente que um dia terá de decidir crescer e fazer escolhas.

Continuando...

João seguiu a análise por mais quatro anos, com regularidade.

Nos últimos três anos, João conseguiu estabelecer um relacionamento amigável com sua ex-parceira em prol da educação de sua filha, sem se incomodar com o fato de ela ter se casado novamente. Passou a desenvolver uma estabilidade profissional, mantendo finalmente seus empregos e bom relacionamento profissional com colegas, patrões e funcionários, além da abertura de seu consultório particular, onde estabeleceu numerosa clientela, com um sucesso muito comentado por seus colegas, de quem tem uma estima sempre crescente. Notadamente se apresenta com grande empatia pelos pacientes e sua preocupação sempre está presente nas suas sessões. É um profissional de sucesso.

Seu pai desenvolveu um câncer de cólon, com metástases que seguem em tratamento, estando relativamente bem. João esteve sempre muito presente no tratamento do pai, com muito zelo e cuidados, o que os aproximou de maneira que nunca havia acontecido. Durante o tratamento, seu pai costuma ficar hospedado em sua residência por longos períodos. Bastante dedicado aos familiares, com frequência auxilia seus irmãos economicamente, e adquiriu a residência onde seus pais moravam e a doou de volta para eles.

Há cerca de três anos e meio, conheceu uma moça com quem trabalha no hospital e com ela iniciou um relacionamento amoroso que segue os moldes de seus relacionamentos anteriores, ou seja, atritos, afastamentos, inúmeras brigas seguidas de separações e reaproximações, porém sem a intensidade antes presente. A relação vai evoluindo para uma relativa estabilidade e se casam oficialmente.

Há cerca de três anos interrompeu a análise, alegando estar com dificuldades em manter os horários e julgando estar relativamente bem... A interrupção pretende ser temporária.

Uma das sessões do período referido

João chega no horário (primeiro horário da manhã), entra, me cumprimenta e se deita no divã enquanto fecho a sala.

Permanece alguns minutos em silêncio. Sua aparência é calma.

Paciente: "Ontem brigamos novamente... Bem, não é uma briga. Acho que é mais uma conversa séria... Eu agora não deixo a batata esquentar, me controlo e não deixo crescer, não deixo vir a febre... A C. também tem que fazer a parte dela. Eu disse que agora eu quero um lar, uma casa de verdade. Isso porque acho que meu apartamento sempre foi uma república. Parecia sempre uma coisa temporária... Agora eu quero algo definitivo... Acho que ela entendeu... Estamos planejando uma reforma da nossa casa e ela tem que me ajudar porque meu tempo é escasso... Tem que ir atrás de algumas coisas... Acho que estou pensando em uma casa para mim pela primeira vez. Acho que a maturidade chegou... E acho que tá chegando para ela também... Pois ela acabou concordando... Para mim sua fala vai soando mais como uma reflexão do que uma comunicação que peça uma intervenção minha. Permaneço em silêncio e João continua:

Paciente: "Eu estive pensando... Nunca estive num período tão bom... As coisas estão indo muito bem... Nunca estive tão feliz...

(Começo a pensar que minha intervenção poderia atrapalhar.)

Acho que antes a vida me vivia... Agora eu estou vivendo a vida...

Analista: Você experimenta um pensamento próprio e o divide com sua esposa: construir sua casa, sua própria família; parece acreditar que as respostas estão em você mesmo e não no outro. Cuidar do seu gramado e não mais ficar achando que a grama do vizinho é que é boa.

Paciente: Eu quero a minha casa, casa mesmo...

Analista: Sua cabeça... sua mesmo... abrigando seus próprios pensamentos...

Comentários pessoais

Quando revisamos a literatura vigente dos diversos autores, João se apresenta dentro dos critérios de classificação típica de um paciente borderline. Apesar de nossa intenção ser uma compreensão psicodinâmica, faz-se necessário lembrar como são descritos os critérios utilizados no DSM-IV e no CID-10. No CID-10, o transtorno de personalidade borderline faz parte dos transtornos de personalidade emocionalmente instáveis, nos quais há uma tendência marcante de agir impulsivamente, sem consideração das consequências, junto com instabilidade afetiva. A capacidade de planejar pode ser mínima e são comuns acessos de raiva intensa, que podem com frequência levar à violência ou a explosões comportamentais; estas são facilmente precipitadas quando atos impulsivos são criticados ou impedidos por outras pessoas.

Há em geral sentimentos crônicos de vazio. Uma propensão a se envolver em relacionamentos intensos e instáveis, que podem causar repetidas crises emocionais e estar associados a esforços excessivos para evitar abandono e uma série de ameaças de suicídio ou atos de autolesão.

No DSM-IV, o paciente borderline é descrito da seguinte forma: padrão global de instabilidade no relacionamento interpessoal, autoimagem e afetos, e impulsividade marcada, tendo seu começo no início da idade adulta e se mostrando presente numa variedade de contextos, como indicado por cinco (ou mais) dos seguintes critérios:

1. Esforços frenéticos para evitar o abandono real ou imaginado;
2. Padrão de relações interpessoais intensas e instáveis, caracterizado por alternância extrema entre idealização e desvalorização;
3. Perturbação da identidade: instabilidade persistente e marcada da autoimagem ou do sentimento de si próprio;
4. Impulsividade pelo menos em duas áreas que são potencialmente autolesivas (gastos, sexo, abuso de substâncias, condução ousada, voracidade alimentar);
5. Comportamentos, gestos ou ameaças recorrentes de suicídio, ou comportamento automutilante;
6. Instabilidade afetiva por reatividade de humor marcada (por exemplo, episódios intensos de disforia, irritabilidade ou ansiedade, habitualmente durando poucas horas ou mais raramente alguns dias);
7. Sentimento crônico de vazio;
8. Raiva intensa e inapropriada ou dificuldades de controlá-la (por exemplo, episódios de destempero, raiva constante, brigas constantes);
9. Ideação paranoide transitória reativa ao estresse ou sintomas dissociativos graves (Green, André - Kernberg, Otto F.).

Como é possível perceber, João se enquadra na maioria dos sintomas descritos, quer no âmbito da percepção, quer no de relacionamentos e pensamentos, levando-o a dificuldades de enorme repercussão em várias áreas do seu existir, sendo essa uma das mais marcantes características deste tipo de paciente.

O comportamento que mais chama a atenção em João é também a principal característica dos portadores dessa patologia: a impulsividade, ou seja, a instantaneidade com que parte da estabilidade se transforma em raiva desmedida e irracional, que o leva ao *acting* inconsciente e imprevisível. Enquanto apresenta enormes dificuldades em certas áreas, funciona com eficácia em outras, o que se nota em sua vida profissional, embora, por vezes, suas atuações o levem a comprometer suas atividades.

Também se observa em João algo típico: a característica de se afastar do processo terapêutico quando se sente estável, retornando quando em nova crise intensa.

Parece haver uma falha nas relações iniciais com a mãe, o que poderia originar uma pré-organização psicótica. Esse "trauma psíquico precoce", como descrito em vários autores, faz com que situações envolvendo o risco de perda do objeto gerem grande frustração em João. Esse trauma seria algo afetivo que corresponderia a uma emoção pulsional que surgiu em um estado em que o sujeito ainda seria muito imaturo e mal-organizado para suportar. João teria entrado brutalmente, e precocemente, em uma situação edipiana, sem ser capaz de enfrentar esta relação triangular e genital.

É provável que não tenha sido possível se assegurar do amor do pai para suportar o sentimento de ódio pela mãe, ou, em outro momento, assegurar-se do amor da mãe para suportar o ódio do pai, aspectos claramente distinguidos na história infantil de João, em virtude da divisão entre sua mãe e a mãe de leite, bem como da divisão que se estabelece entre suas "mães" e a amante de seu pai.

Ainda, neste caso, pressupõe-se a existência de certa incapacidade materna para o exercício de uma função contentora (relação continente-contido; Bion, 1966), o que comprometeria o acesso do indivíduo à dimensão simbólica e representacional da vida mental que conduz ao crescimento psíquico (função alfa). Soma-se a isso uma grande incapacidade de tolerar a frustração. Encontramos em João uma função insuficiente para transformar os referidos elementos e objetos bizarros que povoam o seu mundo interno em elementos pensáveis, encontrando-se, assim, na impossibilidade de pensar os seus conteúdos psíquicos mais complexos e ficando sempre à beira do *acting*, isto é, da externalização dos conflitos psíquicos não mentalizáveis. "As passagens ao ato no borderline constituem como que um curto-circuito de uma elaboração psíquica que não consegue levar a cabo" (Fédida, 2000).

A dificuldade de recalcamento da tensão sexual ou agressividade causará a necessidade de utilização de mecanismos de defesa mais arcaicos, que são mais utilizados por psicóticos, como: negação de representações sexuais, clivagem do objeto, identificação projetiva maciça explosiva, por vezes atuada.

O trauma precoce será um "desorganizador precoce". Assim, encontra-se uma fixação em uma espécie de pseudolatência que aconteceria de uma forma mais precoce e duraria mais do que a latência normal. Essa pseudolatência encobriria o período da latência e todo o afeto desenvolvido na adolescência, bem como as transformações, os investimentos afetivos e o início da genitalidade. A pseudolatência se prolongará por aquilo que deveria ter sido a adolescência, ocupando um espaço da vida adulta e, às vezes, perdurará pela vida toda do indivíduo. Em João isso é percebido em seu persistente voyeurismo às clientes de sua mãe, bem como no teor agressivo das suas relações com o feminino.

Este bloqueio da maturidade efetiva do ego, em um momento em que ainda não se tem um sujeito sexualmente diferenciado, constitui o "tronco comum dos estados limítrofes". João está sempre entre duas grandes estruturas, a superada (psicótica) e a nunca atingida (neurótica).

Há em João uma ambiguidade para o ego, a angústia da fragmentação psicótica que, por um lado, proporciona defesas mais sólidas. Por outro, há a vontade e a angústia da genitália neurótica e os prazeres associados a ela, que trazem esta constante oscilação entre a claustrofobia e a agorafobia nas relações, tão típica desses pacientes. Quanto mais o objeto se afasta, mais João se enfurece para recuperá-lo e conquistá-lo de volta, para atacá-lo ou massacrá-lo quando o objeto voltar a ficar com ele. Ele se enche de angústia e raiva, porque o objeto de amor decidiu ficar longe e ser livre. Tal objeto nunca deve decidir por conta própria. Deve ser sempre submisso a ele, para ser sempre acusado e atormentado.

Estruturalmente, o estado limite apresenta-se como um intermediário entre psicose e neurose. A estruturação borderline não está em nenhuma dessas dialéticas. Trata-se de uma doença narcísica. É superada a psicogênese psicótica, mas não é atingida uma psicogênese neurótica, sendo que a relação com o objeto fica na dependência anaclítica do outro, com a depressão como umas das características mais marcantes.

João é narcísico de uma forma bastante patológica. Embora seja muito ciumento, ele constantemente trai as mulheres que seduz. Ele tem de controlar a situação e deixar ele mesmo o objeto de amor, para ter o domínio e trair, para nunca mais ser traído. Tudo na extrema necessidade de seduzir sexualmente e depois abandonar. Incapaz de refletir e pensar e também de sentir-se realmente culpado ou angustiado. As interpretações são introjetadas com enorme dificuldade.

5. Caso Gustavo

Um menino borderline

Gustavo iniciou a análise aos seis anos de idade. Os pais o trouxeram com a seguinte queixa: Gustavo não conseguia parar quieto onde quer que fosse. Sua agitação motora era constante, funcionando ininterruptamente, até ficar, muitas vezes, exaurido. Seus comportamentos eram inadequados, fugia dos pais quando saíam a passeio, estragava objetos das pessoas, batia em outras crianças, gritava se fosse repreendido. Os pais relataram que em casa ele causava muito tumulto com seu comportamento: ficava agressivo quando tinha de obedecer, quebrava coisas, tinha crises incontroláveis quando frustrado, xingando e batendo nas pessoas.

Na escola não tinha dificuldades com o aprendizado, contudo, seus comportamentos eram antissociais, agredindo coleguinhas e apresentando condutas inadequadas em sala de aula. Gustavo não tinha amigos e era marginalizado pelos colegas. Foi suspenso da escola por diversas vezes e sua mãe era constantemente chamada pela coordenação.

O pai de Gustavo esteve no meu consultório apenas duas vezes para conversar comigo, recusando-se a comparecer quando solicitado, sendo que o pagamento da análise era feito com recursos da mãe. A mãe relata que seu marido é um homem agressivo e intolerante, com muita dificuldade de relacionamento com os familiares, e que ele constantemente despreza e deprecia Gustavo, dizendo: "esse menino é um bosta" ou "não serve para nada". Ela é uma pessoa muito submetida a esse marido autoritário.

Iniciamos o tratamento de Gustavo em 2004 e a mãe sempre foi persistente e interessada na análise do filho, colaborando prontamente. Quando trouxe o paciente, relatou que havia perdido sua mãe em virtude de um câncer – quando estava grávida do menino –, disse ter uma irmã mais nova, esquizofrênica, o que gerava muito medo de que seus filhos também "herdassem" a doença.

A análise de Gustavo se deu com três sessões semanais, passando a duas quando ele entrou no colegial aos quinze anos em função de dificuldades de horário.

Dividirei o relato e a descrição do trabalho com Gustavo em três períodos, ilustrando-os com material clínico.

Primeiro período da análise: dos seis aos onze anos

Desde o início da análise e durante um longo tempo, Gustavo funcionava predominantemente com comportamentos evacuatórios. Ele expressava muita ansiedade e agitação contínua, fazendo uso da motricidade como uma forma de descarga das tensões que existiam dentro dele.

Quando ele chegava antes do seu horário e eu não estava à sua disposição, não tolerava aguardar, como se seu horário tivesse de começar com a sua chegada. Frente a esse fato, ele entrava em ação:

gastava todo o spray desodorante do lavabo, jogava toalhas pela janela ou derramava copos de água onde encontrasse um recipiente, por exemplo, num pote de barro que havia no chão ou no vaso que estava sobre o aparador. Qualquer objeto novo que eu tivesse colocado na sala de espera – uma flor ou um enfeite – era jogado por ele no chão, ou dentro do vaso sanitário do lavabo.

Eu observava que qualquer objeto estranho a ele que surgisse no seu campo de visão, como um copo d'água ou rolo de papel higiênico de reserva que eu deixasse sobre o tampo da descarga, era imediatamente destruído com ódio. Em algumas ocasiões ele destruiu também o tampo de louça da descarga, jogando-o no chão, sem dar tempo de impedi-lo. Ele mostrava com esses comportamentos que não tolerava nada que se intrometesse entre nós.

Na segunda vez que veio ao consultório, ao final do horário, ele roubou um telefone antigo que estava sobre uma mesinha, que era meu, e fugiu pelas escadas do prédio, o que me levou a pensar que roubar o telefone poderia significar seu desejo de me impedir de falar com outro e deixar-me prisioneira, sem que eu pudesse me comunicar, garantindo, dessa forma, que a minha comunicação só se daria com ele.

Quase não se comunicava verbalmente. Expressava-se por "micagens", recusando-se a falar quando solicitado. Fazia somente o que queria, não obedecendo a nenhuma regra.

No início do trabalho ele utilizava muita tinta, massinha, geleca (massa gelatinosa), lápis, cola, mas o intuito era gastar tudo até acabar o material. Em seguida, demonstrava um comportamento de colocar ordem.

Tudo o que havia na sua gaveta (cada criança tem sua gaveta com chave) ele quebrava, não sobrando nenhum brinquedo inteiro. Seus comportamentos eram tão rápidos que eu tinha de antever o que ele pretendia, pois ele chegava "mirando" alguma coisa para quebrar ou atirar pela janela.

Muitas vezes, Gustavo entrava na sala muito desvairado, corria para a janela, pendurava-se nela e ficava olhando para fora, mostrando-me algum prédio, dizendo que lá era sua casa. Como eu tinha de segurá-lo, eu sentia seu coração disparado, o que me fazia vivenciar ternura e compaixão por ele, ao percebê-lo tão aterrorizado.

Outras vezes chegava para a sessão mostrando estar sem forças, dando-me a impressão de estar esgotado, deprimido. Nesses dias, o paciente, permanecia no sofá da sala de espera dormindo e eu o aguardava.

Foram várias as sessões em que precisei tomá-lo no meu colo e segurá-lo firme, sendo a única forma de contê-lo nesses momentos, evitando que ele quebrasse as coisas do consultório ou fugisse transtornado.

Às vezes me ameaçava com uma tesoura, ou, se eu não percebesse rapidamente as suas intenções, ele podia me trancar para fora da sala. Aprendi a não deixar chaves na fechadura.

Gustavo costumava enfiar coisas onde encontrasse um buraco, como: fechaduras, tomadas, vasos, privada, além de entupir as privadas do consultório enfiando toalhas ou papel em excesso.

Muitas vezes ele olhava para uma das portas internas do consultório, que eram de vidrinhos, olhava para mim de forma desafiadora e atirava objetos, quebrando os vidros. Destruía também utensílios que faziam parte do condomínio (mangueira de incêndio, marcação numérica dos andares etc.). Gustavo alternava entre uma intensa atividade motora evacuatória e um posterior estado esvaziado, exaurido, jogando-se no chão, onde permanecia sem forças, para em seguida retomar a agitação e ficar tão enlouquecido que atirava o que encontrasse pela janela, mostrando intensa angustia claustrofóbica.

Nesse período ele ficava fascinado em queimar e derreter brinquedos de plástico – eu permitia que isso fosse feito na pia do banheiro. Levantei a hipótese de que seu intuito não era destrutivo, mas que estava interessado em ver os objetos derreterem e no que se transformavam.

A escola constantemente pedia para conversar comigo, pois os professores não conseguiam contê-lo na sala de aula, além de ele machucar as outras crianças.

Eu chegava a pensar, algumas vezes, que seria impossível continuar a atendê-lo, tal a violência e a incontinência das suas emoções. Por vezes cogitei encaminhá-lo para ser medicado, mas frente à resistência da mãe (por ter a irmã esquizofrênica) achei melhor aguardar, prevalecendo em mim fé no meu atendimento... A "tristeza" do olhar de Gustavo me convidava a lutar por ele.

Ilustro esse primeiro período da análise de Gustavo como o material clínico a seguir.

Sessão de 24 de março de 2009

Vou à sala de espera e ele está no sofá, de ponta cabeça, pedindo dinheiro à mãe para ir comer na padaria quando o motorista vier buscá-lo. A mãe lhe dá dez reais e ele, achando pouco, joga o dinheiro no chão, contrariado.

Em seguida ele entra na sala, batendo a porta na minha cara (a chave da porta estava comigo).

Analista: Você está irritado por estar com muita fome e acha que fui eu que te deixei com fome, e por isso chegou muito bravo comigo.

Paciente: (Retruca com muita raiva.) Eu tenho ódio de você, da sua voz!

Gustavo joga coisas em mim e pisa nos brinquedos que ainda estavam inteiros.

Analista: Eu deixei você com fome desde a semana passada e agora você quer me colocar no espeto e fazer churrasco de mim (Ele estava com um espeto de churrasco na mão).

Nesse momento ele vem para chutar minha perna e eu coloco limites dizendo: "não!".

Ele passa a desenhar no quadro com ódio. Eu o acompanho tentando desenhar com ele. A certa altura digo (num tom enfático) que ele quer entrar em mim com ódio e violência.

Com mais ódio, o paciente sai da sala antes de terminar o horário e vai à sala de adultos, onde fica o telefone, ligando para a mãe vir buscá-lo. Em seguida vai para a sala de espera. Eu aguardo na sala de análise até o final da sessão.

Sessão de 28 de abril de 2009

Gustavo chega cinco minutos adiantado e bate na porta da sala de atendimento. Chamo-o em seu horário, e ele vai ao banheiro da sala de atendimento, trancando-se lá por alguns minutos. Em seguida sai, dando uma volta na sala e se jogando nas almofadas no chão.

Paciente: Ai, (diz o nome da analista)! Estou vazio (diz o nome da analista) hoje, com fome! Parece que tem um morto-vivo hoje aqui!? (Ele fica longo tempo em silêncio, deitado nas almofadas.)

Em seguida acrescento:

Analista: Estou vendo um menino sem forças. (Ele se espreguiça.) Parece que as palavras da analista foram dando vida ao morto.

Ele não diz nada, levanta-se e vai à geladeira, abre o freezer, pega um copo d'água que havia deixado lá na última sessão e reclama que não estava congelada. Insinua que alguém havia mexido, mostrando-se frustrado. Em seguida expressa tédio e pergunta as horas.

Analista: Você ficou decepcionado e continuou vazio, com tédio.

Ele vai ao banheiro da sala, enche a pia fazendo espuma, pega a vassourinha e começa a limpar, passando espuma em tudo – na pia, na privada, no espelho etc. A atitude é de ação.

Analista: Onde tinha um vazio você quer encher agora de espuma.

Paciente: Ah! Isso é só espuma. (Inunda o banheiro de espuma e começa a varrer, cantarolando.) Dam, dam, daram (repete isso várias vezes).

Em seguida faz um caminho de papel no meio da espuma para não molhar seus pés e poder chegar até a torneira. Derruba detergente no chão do banheiro e joga o pano da pia no ralo do chão, socando o pano para dentro do ralo.

Nesse momento sinto raiva dele, frente à violência com que faz de propósito tudo isso. Quando tento impedi-lo soca mais o pano no ralo, joga o detergente pela janela e sai do banheiro, indo para a sala.

Vai ao quadro negro e escreve: *Vai se fudê, sua merda!*

Analista: Você já me *fudeu* e agora só sobrou merda aí dentro de você.

Chuta o cesto de giz e derruba tudo com raiva.

O horário termina.

Comentário

Esta ação de limpeza me pareceu ser para eliminar a sujeira de "alguém" que teria mexido no seu copo do freezer, mostrando que a frustração teria desencadeado esse comportamento. Na sua fantasia existe um outro que não está, mas esteve, então é preciso limpar tudo. Ele está vivendo uma experiência emocional - sente ciúme de mim e é impotente para lidar com isso.

Sessão de 12 de maio de 2009

Chego antes do horário, ele já estava na sala de espera e leva um susto. Nesse momento ele estava pegando um copo d'água e diz:

Paciente: Onde você estava?

Analista: Você chegou um pouco antes do seu horário e eu logo te chamo para iniciarmos a sessão. (Arrumo a sala de atendimento e o atendo uns minutos antes).

Vou chamá-lo e ele está perto do aparador, e vejo que derramou água por todo o aparador. Havia um novo arranjo de flores sobre o aparador e é sobre o arranjo que ele derrama água.

Analista: Você não aguentou me esperar.

Entra na sala de atendimento e vai direto ao banheiro, onde se demora. Volta e eu digo:

Analista: Parece que agora você já se livrou de tudo o que estava ruim aí dentro de você, de todo o seu sofrimento por me esperar.

Pega o jogo de xadrez, abre-o, joga as peças no chão e diz:

Paciente: Vou fazer uma pergunta: você ainda tem o jogo de damas?

Analista: Sim!

Paciente: Primeiro liga o ar!

Analista: Você está com falta de ar?

Está deitado. Em uma fechadura da gaveta de outra criança, enfia um palito de churrasco. Vejo-o e digo que ele já se aliviou de tudo e não está nem aí, eu sou só um banheiro, uma empregada que liga o ar para ele.

Quis jogar damas e ganha, ficando excitadíssimo, dando gritinhos de satisfação.

Ao final joga as pedras no chão e eu digo que só continuo se ele pegar as pedras.

Paciente: Você tem net?

Analista: Eu te respondo se você me disser o motivo por que quer saber.

Paciente: Então assiste domingo às sete horas um programa chamado MONIK.

Analista: Que programa é esse?

Paciente: Você vai ver!

Em seguida pega as pedras do chão, não querendo dizer por que devo assistir ao programa, mas acaba falando que é sobre um detetive bom que investiga casos de morte.

Paciente: Ele é o bom, mas tem um monte de medos – de leite. Já pensou ter medo de leite? De altura, um monte de fobias? Ele tem medo que todo mundo tenha germe nas mãos e tem medo de pegar doença.

Analista: Talvez você esteja me falando dele e dos medos que ele também deve ter.

A partir daí desiste do assunto e passa a falar coisas agressivas e desconexas. Lança coisas em mim (peças de dominó), peida.

Analista: Agora você se sente cheio de bosta aí dentro de você.

Continua atirando levemente objetos e vai dizendo:

Paciente: Repito. Perdemos o alvo. O alvo era gay. Perdemos! (Dá gritinhos).

Analista: Agora eu não sou uma pessoa, eu sou um alvo, uma privada.

Paciente: Um monstro é gay, é bicha!

Analista: O que é ser gay?

Paciente: É o São Paulo (time de futebol). Time de veado!

Estica uma fita crepe, grudando-a de um lado ao outro da sala, e diz:

Paciente: É karatê! (Rompe a fita num golpe.)

Analista: Quem te trata na "porrada"?

Paciente: Meu pai!

Analista: Você está fazendo a mesma coisa comigo.

Sessão de 28 de julho de 2009

Gustavo chega uns minutos atrasado. Está acompanhado da mãe, que tenta me falar algo, mas percebe que ele está com pressa de entrar, pois já chegou atrasado, e diz que fala comigo depois.

Ele entra apressadamente, e quando chego à sala de atendimento o encontro jogado no chão dizendo:

Paciente: Bati a perna (sugerindo que foi quando entrou).

Analista: Você chegou com dor hoje, com pressa e até se machucou... A fechadura de sua gaveta foi consertada. (Ele a havia quebrado. Ele parece não dar muita importância, mas isso o estimula a abrir a sua gaveta).

Pega um carrinho, anda com ele no chão e vai até o quadro desenhar uma espécie de projeto do que pretende fazer. Desenha um barco em várias posições (de frente, de lado, de atrás, de cima).

Em seguida me pede palitos (de sorvete), e como há poucos, ele desiste de fazer o barco. Pega uma cidade construída anteriormente, feita de tijolinhos de "Pequeno Engenheiro", e começa a destruí-la, jogando com violência uma bola sobre ela. Os tijolinhos estavam grudados com cola e eu digo:

Analista: Você quer desgrudar todos.

Paciente: Agora que você descobriu?

Volta ao quadro e desenha um guindaste e depois diz que já sabe, que teve uma ideia melhor – vai fazer uma catapulta de palitos e pede para eu fazer um quadrado de palitos que serviria como a base. Imagina o que quer fazer.

Paciente: Faça aí! (Ordenando-me.)

Analista: Você é o engenheiro e quer que eu seja a que carrega o cimento e faz o trabalho duro.

Deixa-me fazendo o que ele pediu e passa a fazer algo com os palitos que seria parte da catapulta. Desiste e se levanta, indo tomar água. Eu percebo pelos seus movimentos que a sua intenção é jogar o copo pela janela, mas resolvo não dizer nada, apenas fico observando-o.

Coloca o copo de plástico na janela e joga a bola, derrubando o copo para fora.

Analista: Você já tinha isso em mente, você planeja muito bem o que quer fazer. (Ele não dá nenhuma importância ao que eu falo.)

Observo que não consegue levar nada adiante, mostrando-se inquieto e deixando a sala toda bagunçada. Nesse momento digo:

Analista: Você parece uma pessoa que come e não fica nada no estômago, vomitando tudo.

Deita-se no chão, simulando um desastre com dois objetos na mão, trombando-os e falando vários nomes (incompreensíveis), até que diz:

Paciente: É, o Lula (presidente do Brasil na época) morreu! Oba, oba, oba, hoje é dia de yakissoba! (Repete essas palavras várias vezes.)

Simula assistir a um filme em 3D com o quadrado que eu havia feito de palitos, como se fosse uns óculos 3D. Do filme voa algo na cara da pessoa que está assistindo – o paciente.

Começa a falar coisas desconexas, sem ligação uma com a outra.

Analista: De dentro dele está saindo muita coisa, muita loucura.

Em seguida tromba um carrinho de brinquedo.

Paciente: É o maior acidente do mundo (jogando a bola sobre o carro) e o homem só teve um arranhão! Sabe por que é o maior acidente do mundo? Porque o mundo só existe há um segundo!

Pega o carrinho que tinha nas mãos e, movendo-o, diz várias coisas:

Paciente: Estou no monte Everest. (Resolve ir para o outro lado.) Boletim urgente! (Repete isso algumas vezes). Tem duas rodas flutuantes voando na sua direção! Essa aqui é você! (Segurando dois eixos de rodas e encostando uma na outra friccionando-as).

Pega o que sobrou da cidade de tijolinhos e, trombando o carro, diz:

Paciente: Cidade perdida de Roma! Puta merda! Estou preso! (Com o carrinho entre as paredes da cidade destrói e descola os tijolinhos).

Em seguida, joga pela janela o objeto feito de palitos (que eu fizera). Pega uma tesoura e começa a cortar os palitos (senti medo que atirasse a tesoura em mim).

Corta uma almofada da sala com a tesoura e começa a tirar as espumas de dentro, mostrando uma ansiedade insuportável. Vai à geladeira e percebo que quer pegar copos de água; sabendo que a sua intenção é jogá-los pela janela, eu lhe digo o que estou percebendo.

Gustavo pega os copos e rapidamente vai ao banheiro, não me dando tempo para impedi-lo, jogando os copos de água pela janela do banheiro.

Nesse momento abraço-o firme (contendo-o) e me dirijo para uma cadeira segurando-o no meu colo. Ele não reage, jogando-se no meu colo.

Começa a tirar espumas de dentro da almofada, ao que eu lhe digo:

Analista: Você quer me esvaziar e tirar tudo de dentro de mim.

Fica assim no meu colo, até o final.

Sai e logo entro com outra paciente. Quando vou chamar a paciente na sala de espera, ele está trancado no banheiro. Nesse momento me vejo obrigada a pedir que ele saia do banheiro, pois está lá dentro, espirrando todo o desinfetante de ar.

Entro com a paciente e tenho que sair para atendê-lo, pois ele bate na porta para pedir o telefone para ligar para a sua mãe, que estava atrasada para buscá-lo.

Segundo período da análise: dos onze aos treze anos

Durante muito tempo, precisei trabalhar com ele aceitando o predomínio de seus aspectos destrutivos e da sua violência, sem esperar que ele me preservasse ou me escutasse.

Ao longo dos anos de análise, por volta do final do quarto ano, a agitação motora evacuatória e a destrutividade foram se transformando em atividade simbólica.

Gustavo começou a construir ali comigo histórias inventadas por ele. Criava histórias cabeludas em que os personagens sofriam maldades ou faziam crueldades. Eu entendia essas histórias como a possibilidade de ele colocar em palavras toda a sua perturbação interna, usando a condição verbal para expressar os horrores que carregava no seu mundo interno. Nesses momentos, eu podia dizer a ele que diretores que ele admirava no cinema como Steven Spielberg e George Lucas podiam transformar em filmes as coisas perturbadoras que passavam pelas suas mentes. Fica patente que uma relação continente/contido[1] estava se estabelecendo entre nós.

Ainda descrevendo as mudanças observadas em Gustavo: passou a usar os brinquedos para brincar e a consertá-los quando possível. Na relação comigo, começou a se mostrar mais afetuoso, interessando-se pela minha pessoa, fazendo perguntas e, algumas vezes, me pedia desculpas quando estragava alguma coisa minha.

Creio que há algo que ilustra o que poderia ser chamado de um "ponto de virada" no seu funcionamento psíquico: ele quis construir junto comigo uma maquete de um banheiro. Passava sessões em torno desse objetivo, fazendo-a com tal capricho e perfeição que me surpreendeu pelos detalhes (rolinho de papel higiênico, espelho, banheira, janela com cortina, toalha, pia com torneira etc.) e, depois de pronta, quis levá-la para colocar no seu quarto. Assim fez também

---

1 Bion (1962) enuncia o conceito de continente/contido como o modelo representado inicialmente pela relação boca-seio, protótipo do desenvolvimento mental. Diz: "O conceito continente/contido representa uma realização emocional associada com o aprendizado que se torna progressivamente mais complexo ao aparecer uma e outra vez constantemente através do desenvolvimento mental".

com outros brinquedos que construímos, como barcos, carros, que fazia em tamanho grande e com muita perfeição de detalhes.

Reportando-me a *O processo psicanalítico*, de Meltzer (1967), em que ele descreve o primeiro período do processo como sendo o das confusões geográficas, pelo uso das identificações projetivas maciças, Gustavo teve no início uma relação com a analista do que pode ser chamado de "seio toalete". Nesse segundo período entrando em um funcionamento depressivo, Gustavo justamente faz uma reparação, inicialmente concreta, do "seio toalete" construindo um "belíssimo banheiro".

Ilustro esse segundo período da análise de Gustavo com algumas sessões.

Sessão de 27 de abril de 2010

Abro a porta e Gustavo entra imediatamente dizendo: "Ar!" (Dirigindo-se à sala de adulto e pedindo para ligar o ar.)

Analista: Você chegou hoje precisando de ar! Será que aí dentro de você está muito abafado e ruim?

Em seguida senta-se na poltrona em frente ao ar-condicionado, olhando-me amorosamente. Levanta-se, vai até a sala de espera, retornando com alguns gibis. Deita-se no divã para lê-los.

Analista: Você hoje está querendo ficar comigo nesta sala, mas do seu jeito, né?

Paciente: (Ele não responde e começa a cantar.) Atirei o pau no gato, tô...

Analista: Mas o gato, tô... não morreu, reu, reu.

Paciente: Dona Chica, cá...

Continua cantando até que diz:

Paciente: Ai! Eu estou cansado dessas histórias!

Analista: Parece que você não está nem um pouco interessado nelas. Você trouxe os gibis como uma desculpa para se ocupar aqui.

Em seguida, lendo algo no gibi, me pergunta:

Paciente: Quanto vale duzentos mil cruzeiros? Um real são quantos cruzeiros? Quanto tempo falta? Tenho um jeito de descobrir. (Vai ao computador, entra na Wikipédia e depois abre um jogo no computador.)

Analista: Acho que hoje está difícil ficar aqui comigo, ficarmos juntos, né? Você está arrumando coisas para fazer sozinho.

Paciente: Ahan, ahan!

E começa a cantar novamente: atirei o pau no gato.

Digita a música no computador e depois digita: "(Diz o nome da analista) é uma psicóloga muito velha. (Diz o nome da analista) é descendente de espanhol e por isso ela é argentina. Eu odeio os Estados Unidos porque eu sou nazista. De olhos vermelhos, de pelo branquinho. Cadê o chinelo redondo peitinho. Ajuda (diz o nome da analista)! Ela caiu no Word Trade Center quando estava tomando sorvete!".

Percebo que a minha fala anterior o mobilizou e ele diz que sou velha e depois não sabe quem eu sou (espanhola ou argentina), passando a falar coisas desconexas. Nesse momento eu falo para ele:

Analista: Você está tentando conversar comigo pelo computador.

Paciente: Então olha o que você vai ouvir. (Retrucando.)

Percebo-o entediado, buscando alívio.

Analista: Vejo que está entediado, e me lembro do que você fazia quando se sentia assim...

Paciente: Cocô. (Abre o gibi e lê a primeira coisa que aparece numa atitude de fuga.)

Analista: Gustavo, comece a prestar atenção em você.

Paciente: Como?

Percebendo que ele se interessou, eu digo:

Analista: Olhando para dentro de você e prestando atenção ao que você está sentindo.

Ele olha embaixo do divã e diz:

Paciente: Tem sujeira aí!

Eu fico calada e ele acrescenta:

Paciente: Não vai dizer que sou eu?

Analista: O que você quer me dizer?

Paciente: Não vai dizer que sou eu, que eu fiquei no final de semana escondido aqui?

Dirige-se novamente ao computador, entrando num vídeo humorístico sobre uma comédia de assaltos e quer que eu veja. Eu não atendo seu pedido, pois o horário termina, e então lhe peço para guardar os gibis, ao que ele atende.

Comentário

A técnica para deixar a analista desconfortável e desestabilizá-la mudou. Gustavo se tornou sofisticado e complexo, todavia, é claro que busca se defender da dependência para com a analista e busca se tornar "o grande".

Vai se ocupar com as revistinhas, o objetivo seria que a terapeuta se sinta inútil, ou se não fazê-lo se tornar aquele que tem que responder a perguntas não pessoais.

A distância da analista se torna muito grande, tanto que ele não sabe mais que ela é uma realidade. A analista não está só longe, mas se transformou em algo que não é mais ela. (São imagens que a fantasia produz para descaracterizar a analista.)

A fantasia inconsciente vem e transforma a situação real. "Eu te vejo assim com chinelo redondo peitinho e depois, então, vai morrer." É uma manifestação de ataque à analista por meio dessas fantasias.

Esse menino, em vez de dizer que eu sou chata etc, me apresenta em imagens e caricaturas. É uma situação projetiva, na qual ele me vê de forma distorcida.

Sessão de 11 janeiro de 2011 - primeira sessão após as férias

Abro a porta para chamá-lo e ele está colado à porta, carregando nas mãos uma sacola de mercado, o envelope com meu pagamento, que ele me entrega, e um despertador vermelho virado na minha direção.

Paciente: (Entra me contando.) Ganhei da minha mãe, o despertador, compramos na Tok & Stok (loja). Lá tinha também uma almofada de banana, mas a minha mãe achou feia, e entre um e outro eu preferi comprar o despertador.

Analista: Você me mostra que estava contando os minutos para o nosso encontro, e que também assim controla o nosso tempo trazendo o despertador.

Coloca para despertar no horário do término da sessão. Deixa o despertador em cima da mesa e me pede cola.

Em seguida tira da sacola que trouxe um bloquinho em branco e canetas coloridas. Dobra o papel e não diz o que vai fazer. Abre as portas do armário, onde guardo material, olha dentro e pega a argila, dizendo que vai fazer um vulcão.

Primeiramente pega uma embalagem de jogo de varetas (um tubo de papelão), corta ao meio e escreve algo no papel, não permitindo que eu olhe. Coloca dentro do tubo, colando as pontas com cola e fita crepe.

Paciente: Aí dentro tem uma mensagem para abrirmos no dia em que ele for embora da terapia, quando tiver alta.

Analista: Deve ser algo importante... vou aguardar até lá para saber. (Veio-me a imagem de uma garrafa lançada ao mar com uma mensagem de SOS.)

Quis fazer o vulcão e pede minha ajuda. Digo que ele precisava da minha ajuda para entender o que se passa dentro dele – um vulcão adolescente.

Enquanto ele fazia o vulcão eu conversava com ele sobre as mudanças da adolescência: as mudanças físicas e hormonais que estariam acontecendo com ele.

Pareceu-me que o vulcão internamente fosse sua adolescência turbulenta, mas viva. Consegue também projetar-se no futuro pensando no final da terapia.

Terceiro período da análise: dos treze aos dezoito anos

Gustavo passou gradativamente a utilizar a sala de adultos, fazendo uso do divã para sentar ou deitar (na maioria das vezes deita-se nos pés, olhando para mim).

Quando começou a utilizar mais assiduamente o divã, passava muitas vezes o tempo da sessão jogando no seu iPad ou dormindo. Quase não conversava e às vezes pedia para jogar Stop (jogo de escrever palavras a partir de uma letra) comigo, conversando apenas quando eu perguntava sobre o seu final de semana, ou qualquer outra coisa do seu interesse.

Nesse período, fui trabalhando com ele dizendo que sempre fora turbulento, barulhento, cheio de vida, e que eu tinha a impressão de que dentro dele devia haver muitas coisas que ele não sabia falar e estava se anestesiando.

Depois disso passou a jogar bola comigo (bola de papel). Algumas vezes dizia que estava com o "cu pegando fogo" e precisava jogar. Em outros momentos percebo inquietação, ereção; solta gases, indo ao banheiro em quase todas as sessões.

Dizia que ficava a maior parte do tempo livre no computador, em jogos online com colegas. Muitas vezes, ele pedia para usar o meu computador para me mostrar esses jogos, o que eu permitia como um recurso para ampliar a comunicação com ele.

Certo dia não veio à sessão e, quando lhe pergunto sobre o que havia se passado, ele diz:

Paciente: Você não conta para a minha mãe?

A análise oferece privacidade e ele demonstra confiança em mim me contando que saiu da aula de reforço no colégio e foi com outros colegas na casa de um amigo, perto da escola. Eu percebo que isso foi importante para ele, pois ele quase não procura amigos.

Analista: Não contarei para a mãe, mas peço que não faça mais isso, você poderia ir à casa dos amigos em outras ocasiões sem deixar de vir ao nosso trabalho.

A relação com o pai continua muito difícil, porém ele começa a se aproximar e conviver mais com dois tios – um paterno e um materno – que passam a ocupar o lugar de figuras masculinas importantes para ele. Com o tio paterno, Gustavo vai quase todo final de semana andar de moto numa fazenda (motocross), ficando ansioso à espera da companhia desse tio e do programa que ambos passaram a fazer juntos. Esse tio começou a dar atenção e importância a ele, criando condições para que Gustavo pudesse se abrir um pouco mais.

Certo dia, conversamos sobre o fato de ele não ter um quarto só dele, não sair sozinho na rua, não ter uma mesada etc. Gustavo concordou em vir junto com a mãe para conversarmos sobre isso. Considerei importante, pois ele já estava com quatorze anos e ainda se encontrava muito preso à mãe até aquele momento, possivelmente porque o pai não funcionava como interdição, e a mãe o defendia do pai castrador. O objeto combinado dele (internalizado) parece ser destrutivo.

Gustavo passa a me contar com frequência piadas de conteúdo sexual e de violência e pede que eu não fale nada para ninguém sobre isso. Por exemplo: "Qual é a parte mais quente de um bebê morto?". Eu digo que não sei, e ele diz: "O pênis do estuprador!".

Ele me mostrava quantas fantasias assustadoras estavam se passando na cabeça dele. Eu me mostrava aberta para ouvi-lo sem muitos comentários, para que ele pudesse estabelecer comigo confiança em verbalizar esses conteúdos.

Em um outro dia trouxe à sessão uma revista *Superinteressante* e me mostrou uma reportagem sobre circuncisão, perguntando-me o que era. Nessa ocasião conversamos sobre fimose, no que ele se mostrou interessado.

Por volta dos quatorze anos começou a mostrar-se interessado por música. Vinha para a sessão com seu iPhone, no qual arquivou músicas, e muitas vezes passava a sessão ouvindo músicas comigo, ou conversando sobre elas. Expressa um gosto musical refinado e parece estar identificado com sua mãe, que desabrochou como cantora.

Em outro dia, deitado de bruços no divã, olhando para mim, me pergunta: "Você conhece aquela música do Roberto Carlos? 'Estou amando loucamente, a namoradinha de um amigo meu'" (canta um pedaço dessa música).

Eu, emocionada, canto junto com ele mais um trecho. Ele me interrompe e diz:

Paciente: Esse cara sou eu! (nome de outra música do mesmo cantor).

Em seguida, olhando-me nos olhos, diz amorosamente:

Paciente: Eu podia estar matando e roubando, né?

Atualmente está com dezesseis anos e se relaciona comigo muito à vontade, falando sobre qualquer assunto. Por exemplo: conta-me sobre a garota da qual está gostando e ainda não estava conseguindo "ficar" com ela. Atualmente já está namorando a tal garota e me conta como foi o primeiro beijo, como tem sido o namoro, mostra-me as fotos dela etc. Dialoga comigo sobre o fato de que sentia vergonha de conversar com as pessoas e agora está superando essa dificuldade. Hoje em dia começa a ter uma turma de amigos e amigas, fazendo programas com eles quase todo final de semana.

Gustavo mostra-se apaixonado por música, por andar de moto e pela garota que está namorando.

Sessão de 12 de maio de 2014

Ele entra me cumprimentando alegre. Joga a mochila no chão e vai até a outra sala, onde está a geladeira, buscar água.

Volta e desajeitadamente toma água deitado no divã, com a cabeça nos pés. Joga água num dos buracos do capitonê do divã. Em seguida pede lenço de papel para absorver a água.

Eu não digo nada, e ele fica olhando fixamente para mim, imitando meus gestos. Digo-lhe que ele grudou os olhos em mim como se pudesse entrar pelos meus olhos e meus buracos – fazendo uma ligação com a água que ele jogou no buraco.

Paciente: Pelos poros!

Analista: Isso! Pelos meus poros!

Nesse momento joga mais água no buraco do divã. Em seguida tira sua carteira do bolso e me mostra um cartão de crédito que ganhou da mãe com seu nome. Observo que ele está feliz, me mostrando como está poderoso, sentindo-se um homem.

Em seguida passa a contar que seu pai vai mesmo lhe comprar a moto que prometeu.

Paciente: Ele me disse que daí vai levar a moto na caminhonete para andar lá no sítio e vai me deixar dirigir.

Analista: Puxa! Você tem razão para estar feliz, hein? As coisas entre você e seu pai parecem estar melhorando!

Paciente: (Retrucando.) Como você queria!

Analista: Eu acho que é como você mais queria!

Em seguida coloca no iPhone uma música romântica para ouvirmos cujo nome é *Eu queria que você estivesse aqui.*

Sinto-me emocionada pensando no que ele está vivendo ali comigo, mas fico sem saber como dizer. Em seguida ele fala do seriado que está assistindo sobre a máfia e diz que o chefão da máfia saiu da psicóloga (o chefão fazia análise) e depois mandou flores para ela, querendo namorar com ela. Diz que ela não aceitou alegando que ele poderia querer voltar a fazer análise.

Analista: Eu também não desisto de você e continuo aqui como sua analista!

Ele coloca músicas barulhentas e, quando falo que terminou o horário ele diz que ainda faltam dois minutos. Nesse momento acrescenta que se esqueceu de me contar que foi à universidade local assistir a uma aula de anatomia; relata que tinha partes de corpos e que, a certa altura o professor perguntou se alguém sabia se era homem ou mulher.

Comentário

Gustavo parece começar a pensar no final da análise, mas ao mesmo tempo, se seguirmos a história do filme, parece que ele mostra um desejo de ser adotado por mim. Podemos olhar o jogo de colocar água nos buracos do divã talvez como uma aspiração de ficar dentro da analista. Penso que, para ele, a ideia de separação seria traumática, como uma expulsão, mas também há medo de que eu o segure.

Sessão de 13 de maio de 2014

Entra com fone no ouvido e me cumprimenta dizendo:

Paciente: Bem?

Deita-se no divã com a cabeça para os pés. Mexe no celular e pergunto o que ele está vendo. Mostra para mim um jogo no qual ele pode montar um time da seleção e jogar com alguém online.

Paciente: Você viu os filmes do Oscar?

Analista: Vi alguns!

Ele quer saber quais e em seguida me pergunta:

Paciente: Você viu *O lobo de Wall Street*? (filme concorrente ao Oscar).

Analista: Por quê? E você? (Não conseguindo se expressar, vai tentando dizer que é forte e, por fim, diz que tem muita cena de sexo).

Em seguida quer mostrar para mim o *trailer* desse filme no computador. Mostra e depois diz:

Paciente: Minha mãe falou que é muito besteirento!

Analista: Podemos conversar sobre o que é "besteirento" e que provavelmente esse filme te deixou muito excitado e com muitas fantasias na cabeça.

Lembra-se de outro filme em que o avião ia cair e a mulher diz para o homem ao seu lado: "Eu vou morrer sem conhecer sexo!". O homem nem ligou. Depois diz para outro homem: "Eu vou morrer sem conhecer sexo!". O homem era um padre. Depois ela diz para o burro: "Vou morrer sem conhecer sexo!".

Analista: Você também tem medo de nunca conhecer sexo.

Volta a colocar o fone de ouvido para ouvir músicas.

Comentário final

Gustavo parece mostrar como o objeto combinado, internalizado, é um objeto persecutório e como ele se sente entre a vontade e o temor em relação ao sexo.

O problema real em relação a Gustavo seria compreender se a melhora sintomática que foi observada ao longo do trabalho analítico corresponderia a um real crescimento psíquico.

Existem dúvidas se isso de fato estaria acontecendo, pois Gustavo expressa muitas dificuldades em ter uma vida emocional, por exemplo: não coloca perguntas sobre a vida de relações e continuamente parece evitar os problemas da vida com indiferença. Na sessão é comum mostrar um comportamento evasivo, distraindo-se e mesmo chegando a dormir.

A analista registra isso na contratransferência, quando se sente com frequência colocada de fora de uma real relação.

Podemos conjecturar ter havido um dano decorrente de uma psicose infantil, porém a pergunta é: com um dano assim precoce, seria possível uma evolução para uma real recuperação? Diante dessas hipóteses, não podemos deixar de considerar a dimensão mental da adolescência.

Comentário de Marisa P. Mélega

Gustavo, uma criança de seis anos de idade, nos remete a outros casos apresentados neste livro por outros autores, por exemplo, o caso Leandro, de quarenta e dois anos. Os pais descreveram Leandro como uma criança com agitação motora, que fugia dos pais quando saíam a passeio, quebrava coisas, jogava coisas pelas janelas...

No início dos atendimentos, Gustavo destruía coisas da analista, jogava coisas pela janela, fugia dos pais, apresentava uma agitação motora constante... Ao observar seu comportamento alucinatório se percebe que o paciente estabelece uma luta na qual precisa vencer os perseguidores que o atacam constantemente. Pela descrição de seu comportamento durante a permanência no consultório da analista, o objeto a ser atacado era qualquer presença nova que indicasse um terceiro que ali estivera ou estava.

Essa criança teve desde o início de vida dificuldades para estabelecer dentro de si um bom objeto continente, e a origem dessa dificuldade indica uma convivência com pais que mantinham uma relação sadomasoquista: um pai sádico que investia contra a criança, opondo-se a ela, aterrorizando-a, e uma mãe submetida ao pai e pouco confiável que não podia de fato conter o menino.

Os comportamentos de Gustavo indicam que, para se defender da hostil realidade que enfrentava, introduziu-se em uma fantasia de estar dentro do corpo da mãe interna, e passou a viver alucinatoriamente num mundo fechado, distante emocionalmente da realidade externa e das relações, com consequentes ansiedades claustrofóbicas e agorafóbicas, ansiedades amplamente descritas pela analista. Como consequência, Gustavo ficou impossibilitado de viver experiências emocionais, o que resultou em um bloqueio do processo de formação de símbolos e do crescimento da mente simbólica. Esta compreensão do quadro mental de Gustavo está baseada na fenomenologia do *claustrum* descrita por Meltzer em seu livro *The Claustrum* (1992/1994).

Nos primeiros tempos o contato do paciente com a analista era vivido com muita desconfiança: em certas situações ela lhe parecia um objeto ideal, e em outras, caso houvesse a mínima frustração, um objeto persecutório; frequentemente mostrava ansiedades confusionais advindas de um *splitting* primário mal feito (Klein).

Em virtude de desconfianças paranoides em relação ao objeto externo, essa criança se defendeu com uma fantasia de identificação projetiva intrusiva no objeto interno com graves consequências para o desenvolvimento de sua mente simbólica.

A carga contratransferencial que o analista precisa suportar e transformar em conhecimento nos casos clínicos descritos neste livro é um exemplo da dificuldade de levar adiante análises com pacientes borderline e com funcionamentos psicóticos.

6. Caso Anna

Estados border e psicóticos

Este capítulo consiste numa reflexão sobre a análise de Anna, iniciada aos seis anos e meio, interrompida aos dez e retomada aos quatorze.

A queixa importante dos pais acerca de Anna era sua conduta antissocial na escola, que se normalizou durante o terceiro ano de análise, ocasião em que os pais resolveram interromper o tratamento.

Nesta ocasião o distúrbio de alimentação, que consistia em uma inibição do apetite e exigia redobrada atenção materna, havia sido superado. Seu sono passara a ser tranquilo, sem pesadelos constantes, e sua conduta de relação, mais amistosa e respeitosa em casa e na escola...

Os pais de Anna não constituíam um casal: apesar de morarem na mesma casa, dormiam em quartos separados. O pai, pessoa formal, usando todo o tempo linguagem jurídica, se considerava sem energia para os enfrentamentos agressivos e procurava aplacar os conflitos surgidos no convívio familiar. Provia o sustento da família. A mãe era forte, autoritária, com métodos educacionais severos. Vivia isolada em sua casa, sem contato com vizinhos e amigos, sem intercâmbio externo, evitando a "contaminação" dela e de sua família. Vivia para os filhos –Anna tinha um irmão menor. Ambos informaram haver dificuldades na relação de casal, mas tinham optado por continuar juntos para criar os filhos. Não havia, na ocasião, nenhuma disponibilidade para um trabalho familiar ou de orientação ao casal.

No primeiro contato Anna disse que Deus punha uma semente na mãe e o bebê nascia. Mudou de assunto quando perguntei qual era a participação do pai no nascimento de um bebê.

Os comportamentos de Anna, fazendo "operação tartaruga" para comer, para os cuidados higiênicos e para ir dormir, mantinham a mãe ocupada e irritada. A paciente sugava duas mamadeiras de leite, uma pela manhã e outra à noite, agia como o irmão de três anos, e não usava o banheiro fora de casa.

Os pais acreditavam que Anna procedia desse modo pois não aceitara bem o nascimento do irmão – quando este nasceu ela contava com três anos de idade. Até então, a menina havia sido muito mimada; fora muito esperada, pois nasceu somente após seis anos de casamento dos pais. A mãe acrescentou que havia sido muito técnica: retirava-lhe o peito quando completava o tempo recomendado pelo pediatra e se preocupava com contaminações, exagerando nos cuidados, o que nos fez entender que se sentia responsável pelas perturbações da filha.

Anna, no início de sua análise de quatro vezes por semana, mantinha uma verbalização contínua enquanto picava papéis e massinha; também apontava lápis para obter as raspas, raspava giz de cera, tudo para "transformar em comidinha" seus comportamentos eram apressados para logo poder brincar... Eu me sentia aturdida com a velocidade dela em executar suas atividades, ato após ato. Exigia que eu a ajudasse em suas ocupações e, assim que eu começava a executar o que me pedia, ela me interrompia para logo fazer outra coisa. Sua forma de estar na sessão imprimia um clima de precipitação, como se nunca fosse ter tempo suficiente para viver tudo que precisava naquela sessão, como se não houvesse nenhuma outra sessão para continuar!

Ao vivenciar esse clima com Anna me ocorreu uma imagem: a de um bebê ao peito precisando sugar rápido antes que este lhe fosse tirado, antes que o peito fosse embora sem ter concluído sua mamada, alimentado de leite e da relação com a mãe.

Sentia-me "desmontada" por sua conduta e percebi que precisava "plantar-me" ativamente numa posição de espera e de receptividade frente a este estado de mente que Anna vivia e que inundava nosso encontro. Atacava a sala com sujeiras e bagunças para conseguir seus intentos de obter "coisas".

Repentinamente jogava seus líquidos e comidinhas em mim, manchando minhas roupas, sem que eu pudesse prever esta ação; por vezes me percebi tentando aplacá-la em suas atuações para não ser atacada por ela. Em certas ocasiões me mantinha em um estado de alerta para me proteger de um repentino ataque da paciente, e evidentemente nada disso servia para a sua análise. Fui verbalizando minhas apreensões e lhe comunicando o significado do medo que ela sentia; demonstrava temer que eu a interrompesse de repente no que ela estivesse fazendo, sem que pudesse concluir sua ação. Este ato mecânico, sem preliminares que indicassem a intenção dela, se assemelhava de fato à interrupção de uma mamada quando o relógio marcava o final regulamentar autorizado pelo pediatra sem intermediação da mãe.

Durante o primeiro ano de análise, os términos das sessões, invariavelmente, desencadeavam na paciente um ataque de fúria. Ela prolongava a hora de sair da sala e às vezes foi preciso retirá-la a força, levantando-a pelos braços, aos gritos.

O final da sessão era sentido como uma interrupção definitiva, um corte violento, eu passava a ser "má", a boa relação acontecida na sessão "se rompia em mil pedaços" e ela lançava tais pedaços em mim concretamente (as comidinhas, as massinhas, a água etc.).

Voltava para a sessão seguinte correndo para me agredir a tapas e pontapés, sob o olhar consternado do pai, que a trazia constantemente; parecia "armar-se de coragem para enfrentar o monstro" que eu tinha me tornado pela nossa separação.

A relação idealizada se manifestava por meio de dramatizações que ela tentava concretizar, por exemplo, uma história de rainha ou princesa em que eu era um suporte de um aspecto de sua fantasia. Ela trazia roupas de casa, me pedia para ajudá-la a se vestir e eu tinha de admirá-la, obedecer a suas ordens, e às vezes Anna me incluía como personagem, para que ela pudesse "criar tal ilusão". Essa relação se quebrava à menor falha ou dificuldade em executar todo o plano. O tempo de que ela dispunha na sessão era quase sempre o principal obstáculo. Lembrei-me do conceito de objeto subjetivo de Winnicott. Anna buscava refazer a ilusão de continuidade que teria sido precocemente quebrada?

Embora, em certos momentos, sua conduta indicasse controle para dominar o objeto vivenciado como persecutório e aterrorizante, em outros a função do controle parecia conter algo a mais. Desse modo, quando ela pretendia dramatizar histórias de princesas e castelos, ou quando me pedia coisas impossíveis, como "Quero voar...", eu comecei a ampliar minhas conjecturas. Nessas ocasiões ela exigia minha participação para executar seus planos lúdicos. Eu percebi então que a paciente usava do controle com a finalidade de que eu pudesse viabilizar a concretização das fantasias que ela estava criando. Ela estaria buscando experiências que a assegurassem de sua criatividade primária (Winnicott, 1956)?

Pensei no que a mãe me relatou de sua relação inicial: uma mãe muito insegura em sua capacidade de cuidar e compreender sua filha, que era substituída por uma técnica que decide quando dar o peito e quando retirá-lo, quando se expor ao contato e quando não por ser contaminante? Insalubre?

Diria que na entrevista a mãe reconheceu não ter tido o que nós psicanalistas chamamos de *rêverie* (Bion, 1962), e sim ter sido uma presença ansiosa, apresentando um mundo cheio de perigos, no qual somente sua presença concreta poderia dar proteção e fazer Anna se sentir protegida. Possivelmente, quando a mãe engravidou de seu segundo filho, o irmão de Anna, a paciente deve ter se sentido expulsa do mundo em que o eu e o não eu, permaneciam fundidos e se viu lançada em um mundo aterrorizante, cheio de perigos e contaminações, que a mãe o tempo todo lhe mostrava.

Levando em conta sua fala contínua e suas manobras para barrar os limites entre o "eu" e "não eu", a ameaça de ser invadida, a intolerância à separação, usando de identificação projetiva maciça, pensei inicialmente se tratar de psicose confusional.

Transcorrido algum tempo, ela passou a ter um comportamento exageradamente indisciplinado, sem limites, desafiando os adultos, sem medo de ninguém, e foi expulsa da escola. Ser expulsa, cortar o contato, separar-se e perder o objeto eram experiências que provocavam reações emocionais intensíssimas!

Algumas sessões do primeiro ano de análise

No primeiro contato Anna disse que Deus punha uma semente na mãe e o bebê nascia. Mudou de assunto quando perguntei qual era a participação do pai no nascimento de um bebê. (Desenho do primeiro contato.)

Desenho feito por Anna em nosso primeiro contato.

Sessão de 14 de setembro de 1983

Anna me pede um boneco e mais uma panelinha. Levo-lhe uma caixa de papelão com alguns bonecos e panelas para ver o que ela queria escolher. Ela foi pegando brinquedo por brinquedo até ficar com tudo. Também pergunta constantemente se eram novos, se eu os havia comprado.

Ainda nesta sessão seu interesse continuou entorno de "comidinhas", o que fundamentalmente consistia em picar lápis de cera, massinha, papel de bloco; realizava essas operações de forma bastante agressiva, usando a tesoura muito bem... e enquanto as efetuava, em constante verbalização, dentre as quais me pergunta: "Por que estou fazendo isto?" (Está coçando seu traseiro continuamente.) Quer se apressar no picar: "Se não, não dá tempo de brincarmos!".

Comentário

Irma Pick (1987) fez uma teorização, a partir deste material clínico, tendo como referência a contribuição de Donald Meltzer trazida em seu artigo: "The relation of anal masturbation to projective identification" (1966). Referia-se à fenomenologia da identificação projetiva no objeto interno.

Tocar-se no traseiro com muita ansiedade em um estado de excitação secreta, acompanhada de fantasias onipotentes tão poderosas, e o poder de se comportar revelado em sua conduta antissocial, com a analista e na escola; seria um poder que a fazia crer que o remédio que ela tinha era melhor que o da analista, e na escola ninguém queria acreditar nisso. A masturbação anal era muito melhor que ter relações com a mãe, com o peito.

Sessão de 26 de outubro de 1983

A paciente desenha uma torre de controle, um aeroporto velho com morcegos e fantasmas, ela está dentro de uma casa olhando e todos estão dormindo. Tem também uma menina com um cachorro falante, *Scubidu*.

Tem um bebê raivoso que quer morder a salsicha-papai, e uma menina feita mamãe que espera o papai-avião descer e entrar no aeroporto-ela, e as torres de controle ajudam e impedem. Anna diz que a história da TV não é assim, é a história do *Scubidu* e do aeroporto onde tinha coisas estranhas.

Na continuação do desenho diz que o avião não tem piloto; pica completamente os bonecos homem e mulher e lava os pedaços.

Comentário

A partir dessas observações penso que Anna está representando a história de seus pais – que permitem que ela mantenha a fantasia de assumir o lugar da mãe, que deixa vago este lugar junto ao pai – e em como essa história interfere em seu desenvolvimento emocional.

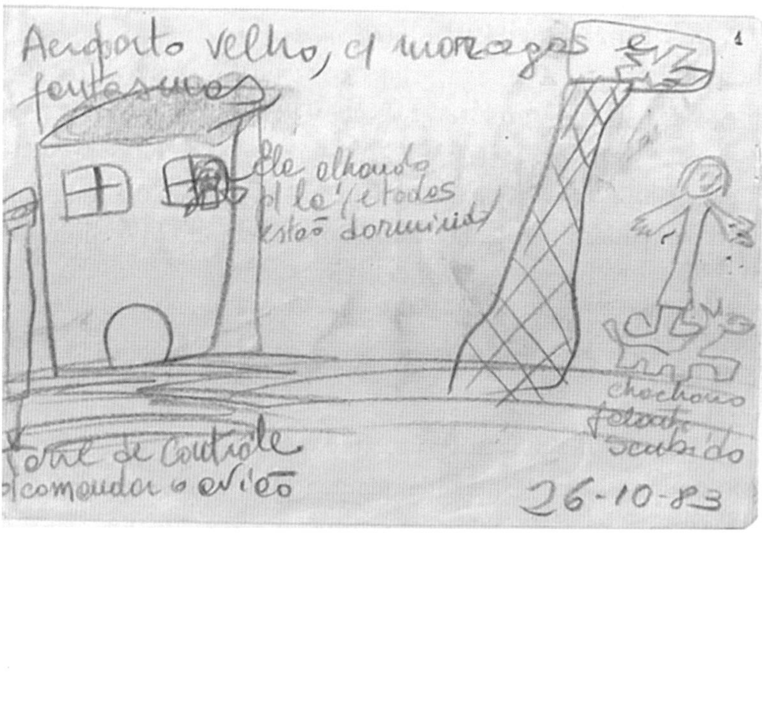

Sessão de 9 de novembro de 1983

Anna pergunta:

Paciente: Os barcos de papel ainda estão molhados? Vamos ver? (Vai examiná-los.) Vamos fazer uma corrida... precisa de mais um barco pequeno para você, e um grande para mim, e este feio é o seu!" (Dá risada.)

Fazer barcos de papel foi a atividade da sessão anterior. Ela constatara que não tinha mais brinquedos na caixa por tê-los usado para fazer sopas e sucos (picando – com tesoura grande – parte deles, inclusive a família de bonecos).

Analista: Resta a nossa imaginação para fazer novos brinquedos. Aqueles brinquedos você jogou fora pois os sentia muito estragados (maus).

Ela coloca os barcos na água da pia e diz:

Paciente: Agora são peixes, e tem um barco de petróleo que faz os peixes morrerem.

À medida que os peixes (barcos) se desmancham (por estarem na água), são retirados um a um e embrulhados, formando várias bolas, que são jogadas na minha direção com a intenção de que caiam atrás da minha cadeira. Depois a paciente junta essas bolas e as coloca na sua caixa lúdica, enfileiradas, e as rega como se fosse um jardim (ou um cemitério de peixes mortos).

Em seguida ela molha a sala e a mim com a água restante da pia.

Inicialmente ela me aceitou para ajudá-la na "criação" dos barcos, mas se apossou em seguida, dizendo ser a dona e ficando com os melhores barcos. A esta altura, os barcos-peixes estão ameaçados de morte pelo petróleo (excrementos) que sai de um barco e morrem... Penso não só na competição comigo pelos bebês, mas sobre ela ter os bebês e "estragá-los", para ficar só ela e eu, mas também estragadas...?

Em um determinado momento, quando estou tirando os barcos da água e pondo-os na mesa em cima de uma toalha que já estava estendida a pedido dela, ela diz:

Paciente: Assim não está bom porque a toalha fica mamando na mesa.

Comentário

Conjecturo que a mesa está sendo igualada ao peito analítico em sua fantasia. Um bom exemplo da concretude da realidade psíquica descrita por Klein. Frente a esse material, penso no movimento de se apossar e matar os bebês, parecendo-me um exemplo da ação destrutiva em relação ao casal combinado (nós duas fazendo os barcos) e que mostra sua sexualidade infantil perversa.

Sessão de 21 de novembro de 1983

Anna entra e se senta em minha cadeira, rindo triunfante. Abre a caixa e constata que não há quase nada, considerando-se o que já tivera anteriormente, retira um álbum de desenho e coloca-o no divã. Molha uma toalha e passa-a em cima da mesa dizendo:

Paciente: Preciso limpá-la para me sentar. (Em seguida molha a sala e a mim com esta toalha molhada.) Tem outra toalha para secar a mesa?

Não há outra toalha, então torcemos a toalha molhada e ela tenta enxugar a mesa para se sentar sobre ela. Toda esta ação é acompanhada por uma atitude de agressão verbal.

Paciente: Você é feia, chata, um papagaio de repetição. (Falando altíssimo e rindo).

Analista: Você deve estar se sentindo assim por achar que eu não te ajudei nos dias em que não veio, e por isso você me atacou em pensamento, e eu fiquei estragada dentro de você.

Paciente: (Ri.) Fica quieta!

Em seguida, quer recostar sua cabeça na minha e diz:

Paciente: Para colocar meus pesadelos na sua cabeça.

Analista: Você se sentiu sozinha com seus pesadelos e ficou com "raiva" de mim, que não estava com você para te ajudar a compreender o que estava se passando.

Paciente: (Ri alto, agita-se.) O primeiro pesadelo que tive... eu vi um menino nascer sem cabeça... e a mãe também não tinha cabeça. (Ri nervosamente.) Eu sou forte, mais que todos e mando em todos. (Ri alto.) O segundo pesadelo era um homem, meu tio, só sua cabeça... com os olhos esburacados... e a garganta esburacada... (Ri altíssimo.) Aí eu comi tampa de caneta e prego. (Arregala os olhos e ri.) Quero petróleo... eu como petróleo... quero torta de petróleo.

Com os olhos arregalados, Anna olha para o alto de minha cabeça e fala:

Paciente: Teus cabelos são espaguetes, eu vou pôr queijo e comer teu cabelo.

Faz de conta que vai comer meus cabelos, com a boca bem aberta.

Analista: Pobre menina... não há ninguém que faça comida para ela... e come o que gente não come... vou fazer uma comida para ela... o que você quer?

Paciente: Quero petróleo.

Analista: Então você é uma máquina?

Paciente: Faz uma torta de petróleo com queijo ralado.

Comentário

Anna, em seu estado confusional, com pesadelos noturnos e alucinações, imagens terroríficas tão ameaçadoras, defende-se maniacamente com um objeto mau satânico para superar o terror. Posteriormente ela se dá conta dos terrores e seus pesadelos e alucinações passam a ser denominados por ela fatos estranhos.

Passados seis meses de análise

Sessão de 28 de março de 1984

Anna vem cambaleando, como quem está com sono, e não se sustenta; o rosto está abatido, preocupado. Penso: está dormindo? Está acordada? Está sonhando?

Paciente: Que vamos fazer? (Olha para dentro da caixa.) Esta revista vai para o lixo...

Analista: Pro lixo o que não presta mais. (Ela ri.)

Paciente: Agora encher d'água todas as vasilhas... o que posso usar para fazer... comidas? (Referindo-se a ter jogado fora toda a "comida" feita nas sessões anteriores.)

Analista: Enchendo de água todas as bocas.

Paciente: E agora vamos ver o que fazer com os barcos...

Com a tesoura, Anna corta os bicos e a ponta da vela de um barco de papel. Este barco eu havia feito na sessão anterior para as bonecas dela – fizera quatro barcos e, no final da sessão, Anna disse que ia acabar com esta brincadeira e levar as bonecas para sua casa.

Após ter cortado a ponta do barco de papel, desmonta-o, ficando uma folha com um recorte esburacado que ela molha e coloca na parede, rindo e falando alto.

Analista: O barco-Anna está esburacado e você fecha os buracos grudando-o na parede-(diz o nome da analista).

Ela escuta, parece concordar e continua cortando a ponta de outro barco.

Paciente: Agora vou fazer um losango... (Esburacando seu interior, só a moldura é colada na parede recompondo um losango, e a terceira colagem é algo que parece um contorno de um peixe, e que resultou de ter cortado mais um barco.)

Eu continuo interpretando:

Analista: Anna se sente esburacada, tão sem consistência que chegou andando como um saco vazio, porque perdeu a (diz o nome da analista) que a sustenta, assim como a parede está sustentando o barco esburacado.

Ela não consegue utilizar o recorte do quarto barco; não dá certo e o rasga. Penso que representava a quarta sessão que ela passou a não ter desde a semana anterior. Ela continua "perdida". Diz que gostaria de fazer um bolo (com o papel higiênico que lhe dou), mas vira algodão que serve para fazer curativos em mim: eu sou uma menina pequena que volta da escola machucada, chorando e a mãe (ela) põe mercúrio, que arde e eu tenho que chorar forte. Antes disso friso para ela a diminuição do número de sessões e a distância desta para a próxima sessão (segunda-feira) para localizá-la no tempo.

Paciente: Então hoje vou ficar bastante tempo!

Ela quer ter mais tempo, é muito curto este tempo. Quando termina a hora ela entra em crise me atacando, jogando-me água. Ao defender-me por acidente, molho-a e ela reage como se tivesse lhe atingido a existência!

Paciente: Vou chamar meu pai... pai... (e ao mesmo tempo quer me atacar de todos os modos...). Parece um sonho, é um sonho... quero meu pai... pai... é um sonho isto tudo?

Anna sai da sala. Chamo-a de volta para continuarmos e para guardar as suas coisas, ela volta e finalizamos a sessão.

Comentário

Nesta sessão vemos Anna em um estado de certa confusão, tentando remendar os barcos usando a parede da sala-analista, buscando reconstituir um continente psíquico que se esburacou pela perda da quarta sessão. E sai da sessão em um estado de confusão e pesadelo.

Sessão de 23 de abril de 1984

A paciente vem correndo ao meu encontro fazendo chifres com dedos na testa e se dirige contra meu corpo. Traz um feixe de palitos de madeira, que são um material da escola. Vem furando a minha barriga!

Paciente: Sabe por que trouxe os palitos? Para fazer casinha... E você, gosta de casinha? (E na mesa começa a fazer o contorno.) Preciso de palitos menores para fazer as janelas... você tem fósforo?

Eu tenho uma caixa de dias anteriores, quando teve um blecaute e trabalhamos à luz de vela.

Paciente: Preciso tirar as cabeças dos fósforos, você me ajuda?

Eu o faço e a brincadeira se torna agora tirar as cabeças; ela também ajuda com a tesoura a "descascar a cabeça" e depois partir o fósforo em duas partes. Mas a casa é abandonada... a tarefa agora é picar, faz movimentos com as pernas como se segurando para não evacuar... e gritando, falando alto! (Intrusões de todos os tipos dentro de minhas orelhas, olhos e nariz, solta gazes excitadamente.) Porém quer me esconder este fato, e grita quando eu comento isso...

Na saída ela vai perguntando ao pai:

Paciente: Por que você cortou o cabelo desse jeito? Ficou esquisito. Você não pode pentear ao contrário?

Comentário

O movimento construtivo, fazer a casinha, não é mantido. É forte o impulso de entrar na terapeuta em uma identificação projetiva intrusiva, desta vez no objeto externo – a analista. Por meio de suas fantasias, pôde sair do objeto interno (*claustrum*) e enfrentar a relação com a analista, mas com muito medo e desconfiança, e então retorna à masturbação anal, fantasia onipotente e poderosa.

Sessão de 9 de maio de 1984

A paciente não terá sua sessão no próximo dia por impedimento da mãe.

Quando a chamo, Anna está escondida e o pai olha em sua direção avisando que a chamei (eu não posso vê-la de onde estou). Ela acaba respondendo:

Paciente: Eu sou a parede e se você quiser (pai) pode ir... a parede vai sair do lugar e vai entrar na sala...

O pai entra e comenta que realmente a mãe não poderá trazê-la no dia seguinte, e me pergunta se há uma possibilidade de reposição. Neste momento ela fecha a porta do consultório, travando-a (como tantas vezes faz). Ao me deter alguns segundos a mais falando com seu pai ela toma essa atitude de travar a porta, e então eu tenho de pedir para abrir a porta. Às vezes ela faz barulhos fortes e cantarola, bate com os pés na mesa...

Quando finalmente abre a porta, falo de seu desejo de ser uma parte do consultório, de já estar ali mesmo para não ter que sentir o ir embora e voltar a cada sessão, e como é difícil para ela esperar esta hora! Ela escuta e lembra de ir buscar as figurinhas no carro... Sai, pede para o pai e volta sem as figurinhas, mas com um bilhete (que ela fez na escola).

Abrimos a caixa e retiramos as "criações", que são argilas e macarrão, de sessões anteriores em que ela recomendou: "e deixa-as a salvo". A paciente fala de separar figurinhas, vai pondo-as na mesa e as repõe desordenadamente na caixa onde estavam guardadas. A caixa dela está ficando muito cheia, e ela faz essa observação, no fim desta sessão.

Paciente: A caixa está enchendo demais! (Com um sentimento de que isto não pode acontecer, e que precisa ter lugares vazios.)

Após isso ela me mostra o bilhete que escreveu na escola:

Paciente: Estava na quadra esportiva e vi uma freira de madeira nadar. Uma freira morta andar... A lousa piscou para mim... A página do livro virou sozinha... A marca de um pé de tamanho de um metro... Os assaltantes (explica o bilhete) eram cinco... de cabelo amarelo... e um de cabelo marrom.

O verso deste papel mostra um desenho que ela fez há um ou dois meses que representa um avião sendo dirigido por ela e mais uma pessoa a bordo, uma colega, e foi feito durante uma "representação" em que brincávamos de ela ser a professora ou talvez a dona de um restaurante (neste momento ela está do meu lado e depois senta no meu colo).

Analista: Você deve sentir estranho isto... lhe dar medo... (querendo saber se eram alucinações persecutórias).

Paciente: Não tenho medo de nada... as professoras não acreditam nisto que eu falo... A lousa... se parece com uma TV que tem aqueles risquinhos, e daí vai se juntando... e pisca... Estranho! Existe?

Analista: Parece estranho... que as coisas estejam com jeito de vivas, se movimentem... e que você, que é gente, virou uma parede agora há pouco... e que na sessão de sábado passado eu tinha que ser um rádio que falava com a voz do pai, e não podia ser eu com a minha voz...

Comentário

Imagino que Anna tenha vivido a retirada de uma sessão (de quatro passaram para três sessões) como algo que tenha esburacado seu continente, o que teria permitido a entrada de seu núcleo psicótico, com alucinações que ela revela à analista. E a seguir, nesta mesma sessão, ela busca construir um muro de argila (uma barreira de contato?), mas apoiado na mesa-analista, portanto, que será desmanchado no término da sessão, como podemos acompanhar na descrição a seguir:

Imediatamente, ela organiza uma brincadeira com argila. Diz: "precisa bastante... eu sou a professora de artes, a argila é minha... Eu distribuo... para você uma bolinha... tó... faz uma bola como eu estou mandando...". Eu manuseio como para formar uma cestinha. Ela: "não pode! Eu só mandei fazer a bola", e desmancha-a. Eu: "Que professora brava, e na aula de artes a gente não tem liberdade de fazer do jeito da gente...". Ela escuta e um pouco depois: "Tá bom, faz o que você quer...", e aí começa a fazer na mesa um muro de argila (fica bastante entretida com isso, com ela mesma, concentrada...). Ela já havia feito uma cesta com ovos, apoiada na mesa, o fundo sendo a mesa, e assim teve de deixá-la ao terminar a hora.

Do mesmo modo, eu havia comentado o quanto de "montanhas", de figurinhas e de argila ela precisou, pois estava com "montanhas" de fome e de vazio; de lhe faltar uma parede, e de ter um buraco dentro dela.

Eu estou muito atenta à sua construção da parede no sentido de ajudá-la a concretizar, no brincar, a sua necessidade de ter paredes que circundem um dentro dela, limitando os excessos, os "escoamentos" de argila, e, por exemplo, mostrar-lhe: o que vai ser do muro quando acabar a sessão? Ela então o desmancha dizendo que vai guardá-lo dentro da caixa... A atividade seguinte é a paciente ser caixa de supermercado, ideia que surgiu do fato de ela sentir uma enorme satisfação em poder "se cercar" completamente, num canto da sala com bancos, e eu ir até ela comprar as criações feitas nas sessões passadas e pagar-lhe...

A hora do final da sessão se aproxima, e ela reage à frustração com ataques, querendo desmanchar tudo, trancando-me na sala, desligando a luz, enquanto eu tento dizer-lhe o quanto ela sentiu que fiz isso para desampará-la; ao dizer que a hora terminou a deixo no escuro e tiro os muros, os cercados dela...

Nesta sessão ela relata as alucinações das quais se defende negando o medo, contudo senta-se no meu colo na busca de um "cercado" concreto.

Em seguida ela procura construir o tal do muro, que nós podemos entender como a tentativa de fazer uma barreira (a barreira de contato entre o consciente e o inconsciente?) para que sua consciência não seja invadida por tais alucinações.

Sessão de 15 de maio de 1984

Quando fui chamá-la, estava contando para o pai que as pessoas na escola não queriam ouvir o que ela tinha a dizer... e que estavam contra ela... e que a Marina (colega da escola) foi atacada no dia anterior por uma sombra... e que naquele dia, seria a vez dela... Ao entrar na sala eu indago acerca do que havia escutado da conversa dela com o pai, e então a paciente continua dizendo que naquela noite viria um Drácula em seu quarto... e que as bonecas iriam atacá-la... e que o ralo do banheiro pisca para ela... e ninguém da escola a escuta... para tomar providências.

Anna estava muito agitada, movimentando-se muito, falando dessas alucinações. Enquanto eu a escutava, de repente começou a me golpear nos seios, na barriga, na região genital.

Paciente: Será que você é o Drácula? Deixe-me ver se seu pé tem um metro? (Quer medir meu pé.)

Durante uns quinze minutos ela tentou me agredir e eu a segurei, buscando impedi-la, falando de sua vontade de me matar e do medo da represália. Precisou de contenção física quase o tempo todo. Foi se acalmando, entre mordidas e pontapés, até que recostou a cabeça em meu ombro, já apaziguada. Foi então até os interruptores de luz, que ao tropeçar durante os ataques haviam apagado a luz momentaneamente, e a partir desse instante passou a estabelecer um comando: quando ela os desligava eu tinha que dizer "boa noite"; quando os ligava, "bom dia"; e quando ligava somente um deles, "boa tarde".

A relação ilusória do controle se estabeleceu, e eu interpretei que, ao sentir que me controlava, não tinha mais medo de ser atacada. Este jogo foi perdendo o interesse e nos aproximamos da mesa (estávamos de pé, diante do interruptor, desde os ataques físicos e da contenção física). Ela pegou a argila e resolveu fazer bolas, e a máquina de marcar cada uma seria o apontador, o que produzia um baixo-relevo. Organizou, então, a produção industrial com técnicas, e devíamos trabalhar juntas.

Após algum tempo se mostrou mais integrada e, ao avisá-la do término da hora, pediu mais tempo para terminar mais duas bolas... Eu lhe mostrei que, neste momento, ela se sentiu mandada embora, e eu havia me tornado má, e isso dificultava sua separação de mim, pois não levaria uma analista-boa dentro dela... Mas no dia seguinte teríamos outra sessão (enquanto eu falava, ela fez um gesto como se fosse jogar tudo para cima), e então poderíamos continuar.

Anna pareceu escutar e compreender o que lhe dizia e então quis me ajudar "a guardar as bolas para a sessão do dia seguinte".

Comentário

Esta foi uma sessão em que pudemos ver um movimento introjetivo, que permitiu a Anna aguardar e ter esperança. Existe um amanhã!

Eu dei ênfase à necessidade da paciente de me controlar para diminuir seu medo, e então me presto a este jogo, porque compreendo o que se passa com Anna; ela precisa separar sua fantasia da realidade da nossa relação, na sessão.

Irma Pick (em supervisão de 11 de março de 1987) acredita haver mais um elemento: se Anna sente que a analista a escutou e compreendeu sua necessidade infantil – que de outro modo seria insuportável –, ela pode então simbolizar e acreditar que nesse momento a analista não está sob o seu poder.

Anna percebe que há uma analista separada, diferente, que não é a alucinação do objeto mau... e neste momento ela passa a falar acerca destes problemas, e a fabricação das bolas de massinha mostra claramente seu desejo de crer que fabrica e controla o peito.

E as bolas parecem com o peito, que tem o seu selo, realizando o desejo de sentir que a analista é uma criação dela, com o seu nome, e não separada dela. Isso não é psicótico.

É uma sessão em que estamos começando a ter momentos de não psicose: quando o horário se finda, posso terminar a sessão, ela não destrói tudo.

Sessão de 21 de maio de 1984

Paciente: Quero voar, o que vou fazer hoje? Queria a minha boneca, a Susie, que pena que não trouxe a Susie. O que vou fazer?

Analista: Você não quer abrir a caixa para não ver o que tem dentro?

Paciente: A caixa não! É tudo melecas! (Ela havia guardado os casais de bolas de argila após tê-los banhado e estavam todos amolecidos.)

Ataca-me fisicamente, e então vai para os interruptores de luz: ela liga e eu devo falar bom dia, boa tarde ou boa noite.

Paciente: Quero ser a mais importante... a melhor de todos, melhor que meu pai...

Ela continua:

Paciente: A Carol contou que mataram o tio e ela deu um pontapé na mulher... que matou o tio... e ela ficou sem perna... Me leva no ombro? Quero ser a mais rica, com as roupas mais lindas, as joias, um parquinho de ouro... e... (em pé na mesa) quero! Quer ver? (Desenha.) Quero um mar roxo... uma lancha e eu esquiando... Me dá os esquis? Você tem aí dentro do armário? Ou... então quero montar num cavalo que pula obstáculos. (Enquanto isso está quebrando um lápis e retira o grafite.) Quero escalar montanha, me dá a corda, me dá a bota.

Até aquele momento, ela havia pedido coisas impossíveis de eu lhe dar para que se percebesse a mais importante, para fazer frente ao que sente ter internamente, tudo estragado como a caixa que ela não quer abrir para não ver, nem lidar com aquilo tudo.

A paciente abre a caixa e retira as "melecas", e joga-as em mim, junto com os lápis quebrados, tudo numa enorme bagunça, nada presta... (Ela está fazendo gestos tentando atirar essas partes, mas não completa os movimentos.)

Observo, nesse momento, a excitação das partes de seu corpo (traseiro e genitais) e digo que ela queria tocar e se satisfazer, mas se sente feia, e quebrada. Anna faz, então, uma ponte em cima de uma "correnteza" (o chão da sala) onde ela se salva e salva as partes que jogou no chão, que são transformadas numa comida que nós duas podemos comer.

Comentário

Anna vai saindo, no final da sessão, por caminhos para não pisar na "correnteza". Tudo está tão feio, sujo! Serve-se de uma fantasia de "poder tudo", se eu a instrumentalizar. Como isso não é possível, ela me ataca, como representante de uma realidade que a frustra. Todavia, no prosseguir da sessão, ela onipotentemente me salva e oferece a ela e a mim comida, resultado da transformação das fezes.

Sessão de 22 de maio de 1984

Paciente: Que pena, não trouxe a Barbie! Meu pai... (ela chama) vou pedir um brinquedo para meu pai... (e sai correndo da sala, de onde se ouve:) Meu pai, me dá um brinquedo?

Ele responde que não tem. Ela volta, entra e sai de novo.

Paciente: Nem uma coisinha? Seu sapato...

Ele diz que não e ela volta para a sala. Sai de novo em seguida.

Paciente: Seu paletó, alguma coisa para brincar... (tom de súplica e sedução).

Ele responde que não tem. Então, dirigindo-se a mim:

Paciente: Não tem! O que vamos fazer? (Fecha a porta.)

Analista: Vamos usar o que você tem aqui, na sua caixa (e começo a abrir a tampa).

Paciente: Xi! Aqui está tudo feio... não presta!

Analista: O de ontem não presta? Aquelas comidinhas que você fez no final da sessão?

Paciente: É... estão velhas... vou jogar no lixo, onde está o lixo... onde está o lixo? (Acha-o.) Precisa jogar fora uma porção de coisas que não prestam mais... precisa fazer uma limpeza nesta caixa...

Vigorosamente começa a tirar os recipientes sujos, os põe na pia para lavar... Joga os "casais de argila" (aquela produção industrial), esvazia a caixa para limpar-lhe o fundo e escolhe o que fica e o que joga fora (objetos destruídos, lápis quebrados etc.). Faz uma limpeza total e acaba limpando até o chão da sala. E daí resolve lavar as paredes e dois tijolos de vidro que estavam embaçados, e bate com a toalha molhada por toda a sala (mesa, divã, bancos, paredes, portas etc.). Pede-me uma toalha para forrar sua caixa. Eu aviso que amanhã trarei.

Comentário

Conviver com a destruição, a bagunça, a sujeira, e ser repentinamente atacada, molhada, sujada, meses a fio, diminuiu minha disponibilidade, e nesta sessão aparece nitidamente o meu desejo de que ela mudasse, ou pelo menos diminuísse essa conduta, e pudesse ser mais "construtiva".

A minha atitude firme, inabalável para manter as condições mínimas de trabalho, a continuidade, penso ter sido uma defesa ao me relacionar com a paciente, para não sofrer o mesmo destino que seus brinquedos. A minha verbalização de suas fantasias era eficaz, quando ela já havia experimentado, muitas vezes, viver essas fantasias na relação comigo.

Sessão de 23 de maio de 1984

Anna está conversando com o pai sobre assombrações na escola quando a chamo. Assim que entra diz:

Paciente: Que pena que não trouxe a Barbie!

Contou-me sobre seu cachorro, que fora morto por dois outros cachorros, e diz que quando ela ganhar outro cão será diferente, tudo lindo.

Analista: Você não conseguiu trazer "seu bebê" aqui, pois receia que eu vou atacá-lo, como você ataca o meu.

Ela me dá golpes no peito.

Em cima da mesa está a toalha que me havia pedido na sessão anterior e mais uma toalha menor, que ela joga em meu rosto dizendo não querer e, berrando, fala que vai buscar algo do pai. Sai da sala e pede ao pai, suplicando, seus óculos, ou o relógio... ou moedas. O pai a limita e ela volta para sala, e durante dez minutos, mais ou menos, ela berra e me ataca fisicamente se fingindo de lobo, gato, onça, cachorro... e quer me matar... diz que vai aparecer de noite para me assustar... e me ataca fisicamente e grita. Conta-me depois que, quando deitada em sua cama, na noite anterior, ficou se mexendo, rindo e fazendo "barulhos", e a mãe ficou furiosa com ela.

Por fim manifestou seu desejo de que a Xuxa desaparecesse porque ela ganhou o disco de ouro... Diz que vai desenhar uma assombração... e que vai ser rica... e vai ganhar o tesouro que está na fazenda do tio. Começou a fazer o mapa da assombração explicando:

Paciente: Pegue uma "invenção", ponha um lençol branco por cima da invenção... e... (Não prossegue.) E isto escrito endereça para a Xuxa (enrola o bilhete feito um canudo, que prende com elástico de cabelo).

Na saída pergunta ao pai, desanimada e tristemente: "Pai, você gosta de mim?".

Comentário

Em sua fantasia, matou a mãe e diz que ela é melhor, e sabe fazer tudo melhor; ela também percebe que precisa de algo do pai para fazer frente a mim (um seio morto e uma assombração). E como depender de alguém que está morta? Ela então elege o pai no lugar, o que parece uma confirmação edípica.

Sessão de 27 de maio de 1984

Anna entra em minha sala e fecha a porta com o trinco, deixando-me do lado de fora. Eu bato na porta pedindo para abrir.

Paciente: Já vai.

Repete várias vezes, até que passa um papel por debaixo da porta escrito: "a porta está aberta". Eu entro e ela está abrindo sua caixa, de onde retira uma revista infantil.

Paciente: Que falta me fez esta revista nestes dias!

Analista: Você sentiu falta de estar comigo em sua sessão.

Então ela chega muito perto de mim e quer ler a revista junto comigo; olha para um desenho que fez de mim e diz:

Paciente: Agora vamos fazer o meu mais bonito... com vestido comprido de rainha.

Eu vou desenhando uma menina de tranças e ela ajuda e dá sugestões. Anna está ansiosa e também um pouco agressiva ao me dar fortes palmadas nas costas, em tom de amizade...

Analista: Você pode parar de bater em minhas costas? Por que tenho que apanhar, pelo que fiz? O que é que eu fiz? Deixei você no final de semana? E você se sentiu abandonada por mim?

Anna escuta e resolve desenhar junto comigo para que o desenho fique bonito. Em seguida, senta sobre a mesa e, um tanto excitada, esfrega seu traseiro na mesa, muitas e muitas vezes. Conta-me então:

Paciente: Hoje estou fazendo minhas lições. Quando passei a mão em minha cabeça encontrei abacate, imagina! Eu detesto abacate... e parecia estar saindo da minha cabeça... (Tenta explicar-me e dar-me vários detalhes, perguntando-me o que eu acho.) Como pode ser? Que explicação tem isso?

Analista: É um pesadelo.

Paciente: Mas eu estava acordada e... senti o cheiro...

Analista: Mas pode ser que havia abacate em sua casa...

Paciente: Havia sim. Estava na geladeira. Eca... (Expressão de asco, como um vomito.) Parecia que minha cabeça estava se abrindo e meu cabelo ficou molhado.

Analista: E hoje, como foi sua comida?

Paciente: Péssima, não comi nada!

Analista: Como se fosse um pesadelo!

Paciente: Mas me dá uma explicação disso... é um mistério.

Enquanto eu penso em silêncio, ela diz:

Paciente: Eu tenho pesadelos sempre mas é como quando o quadro negro piscou para mim na escola, você lembra? É porque estava tomando um remédio que me deixou confusa, e o pessoal da escola achou ruim... e me expulsaram, bem, eu fui muito malcriada também. Sabe, uma vez na casa velha fui me deitar e vi um rosto de cera do lado da minha cama... eu não fiz nada... me virei e dormi.

Comentário

Coisas estranhas, pesadelos, mistérios... tudo ela me traz para pensarmos juntas e procurar compreendê-los. Essas coisas estranhas e misteriosas Anna havia trazido outras vezes. Passou meses entrando na sala e me perguntando: "o que estou sentindo?"; "do que eu quero?". Insistia para que lhe contasse uma história de que ela gostasse – uma história de antigamente. Quando o que eu lhe contava não correspondia ao que ela queria, então eu lhe dizia que ela queria saber de antigamente, do início de sua vida, de seus pais... Ela me batia e aos gritos dizia: "Não é isto!". O mistério também poderia ser a relação entre seus pais.

No início de sua análise, quando eu mencionava a relação entre seus pais resultando em bebês, ela ficava muito horrorizada e dizia que era tudo mentira, e que Deus punha a semente na barriga da mãe. De fato, na entrevista a mãe insinuou que a relação do casal era muito difícil, e que o marido não a procurava sexualmente. Porém, essa informação nos chega após muito tempo decorrido da análise.

Ao sair desta sessão Anna vai ao banheiro, e de lá escuto ela dizer: "mas como pode ser, sair abacate de minha cabeça? Como foi parar ali?".

E ao encontrar o pai na sala de espera, também lhe pergunta sobre o mistério de sair abacate de sua cabeça.

Comentário de Irma Pick, 1987

Segundo Irma Pick, ela tem uma atitude de não ter medo de nada (ela quer provocar medo), e assim se comporta mal na escola. E pensa que ninguém quer escutá-la, ninguém acredita nela. Quando acaba a sessão, vê a analista como uma mãe que só pensa no relógio, não nas necessidades dela. No final de uma das sessões diz que foi atacada por uma sombra, e na outra sessão será a vez da analista de ser atacada!

Pick fala da sombra como a analista que se converte em má quando a abandona... A sombra do que ficou da analista quando se foi, como o bebê que vê a sombra da mãe que está se afastando... A sombra é esta parte da mãe que está contra ela: ela então sente que a analista é substituída por algo mau, e não que a analista não está; não é um bom objeto ausente, mas um mau objeto presente... Ela não pode pensar na sessão que vai ter, apenas na sessão que acabou!

Esses dois parágrafos da sessão, segundo Pick, nos dão uma cronologia completa da perversão: da solidão, de se sentir não compreendida, perseguida por um objeto mau, que está contra ela, e o ralo do banheiro começa a dar-lhe piscadas, e começa a se excitar com a ideia de uma cura para o seu problema – ela acredita que pode curar seu problema com sua excitação masturbatória, que tem a ver com o ralo que pisca, com o Drácula, a excitação dos ânus. Meltzer escreveu acerca dessa masturbação anal, e ela se sente tão poderosa por não ter de fazer frente a esta dor, de sentir falta de uma mãe boa. Penso depois que ela quer ser a rainha, e não o bebê precisando da mãe. E que essa ilusão se destruiu pela separação ao sentir a falta da analista ("que falta me fez esta revista estes dias"). Ao não suportar a dependência ela recorre à masturbação anal (o ânus na mesa-peito da analista equivale ao que sai do ânus, ao que sai do peito). A paciente demonstra sentir ódio por não ser compreendida. Irma Pick faz uma conjectura acerca da fixação no ânus: parece estar relacionada com a privação da compreensão humana, levando ao ódio e ao sadismo, e isso também se confunde e se mistura com a inveja do bom objeto, que a compreende, mas não estabelece uma divisão precisa. A paciente não sabe se busca seu ânus porque odeia a analista por tê-la abandonado, e é a mãe má que a priva de tudo, ou se a odeia porque a analista é uma mãe boa de quem ela necessita e a quem inveja por ter tudo, ser bela.

Sessão de 19 de junho de 1984

Nesse dia, excepcionalmente, é a mãe de Anna que a acompanha à sessão (de modo geral, é seu pai quem a traz). A paciente, desde a entrada, se mostra muito agitada e diz:

Paciente: Quero ter uma conversinha... No Natal do próximo ano, adivinha o que vou ganhar? Começa com F... forno! Para argila... Minha mãe não deixou pedir para a vovó, ficou brava, mas vai ser escondido dela que o Papai Noel vai dar... Aí vou levar na escola e fazer lá... Eu gostaria de ir num lugar tão lindo... com flores, grama... lindo... mas na cidade é barulho, poluição... lixo, cimento. Na minha escola, por exemplo: tem tanto lixo, sabe quantos lixos tem?

Ato contínuo, pega o lápis e desenha nas paredes da sala (que são de fórmica), ocupando-as inteiramente. As paredes da sala, brancas e limpas, agora estão rabiscadas... e ao terminar quebra os lápis e os esvazia do grafite.

Em seguida se senta no meu colo e tenta morder meu rosto num misto de prazer e agressividade (até o momento pareceu predominar em Anna um querer se apossar do objeto-sala e do objeto-analista, sob o domínio do impulso sádico-anal e sádico-oral, o que ocupou meia hora da sessão). A paciente, então, resolve fazer uma "poção" junto comigo, e diz:

Paciente: Como a de ontem (na sessão anterior a poção acabou entornando, e ela levou uma parte para casa, num vidrinho).

Ao sair da sessão, viu que nem o pai, nem a mãe estavam na sala, então grudou-se em mim, e precisou de um tempo até conseguir ficar na sala de espera por si mesma.

Comentário

Anna não compareceu o mês todo de julho às sessões, pois a família precisou viajar para o exterior. A partir de agosto sua conduta na escola piorou, a ponto de ser suspensa desde o início de setembro. Os pais precisavam de orientação, mas colocavam dificuldades em fazer este trabalho. Anna, nesta ocasião, se mostrava violenta e agressiva, e a relação idealizada é com um objeto que ela chama de "France", um lugar para onde quer ir para ter tudo de bom, onde tudo é lindo. Na sessão anterior à que vou descrever a seguir, ela me tratou como se eu fosse um homem, e avisou-me que eu tinha de pagar pelo que fiz no passado... e que ela ia me matar...

Sessão de 7 de agosto de 1984

Neste dia, ao chamar a paciente, o pai se desculpa pelo imprevisto que o impediu de trazer Anna na sessão anterior. A paciente entra e permanece lendo uma revista por 10 minutos.

Depois me conta:

Paciente: Fiz um furo no pé, mas fui ver, e era só um graveto (e ri). Eu tive coragem e fui ver, e não era um prego enferrujado... minha mãe vive me pondo medo... Li no *Meu Filho, Meu Tesouro* que criança não se incomoda com coisas que gente grande se incomoda... criança pensa diferente de gente grande. A minha mãe já fica preocupada... Tétano! Lá no meu livro, o bebê nasceu com defeito e a irmã não ficou assustada... Eu penso que nem gente grande... eu não penso que nem criança! Você não vai rir de mim? Eu queria ir para Plutão... queria ir para outro planeta... ver o que tem lá... queria entrar nos buracos negros do universo, se é que existem... ver... conhecer...

Sessão de 13 de novembro de 1985, entrevista com os pais

Anna está bem socialmente, bem na escola, mais achegada à mãe, conversa mais, aguenta brigar mais sem romper, mais estável, antes parecia um "algodão". Noto que ainda sua autoimagem e sua autoestima são baixas. Há necessidade de promover atividades que lhe reforcem o ego...

Passados dois anos da análise, quando Anna retorna das férias de verão, reparo que esta separação não havia provocado alterações na confiança básica em sua relação comigo, e ela retornou verbalizando seus sentimentos, alegre por estar de volta... Fala dos pesadelos, e de seu desejo de viajar e se conectar com extraterrestres...

Estas fantasias e desejos parecem claramente escapes, defesas contra as dificuldades desta menina em ter de viver sua vida de nove anos. Ela me ouve e se interessa.

Em uma sessão de segunda-feira de fevereiro de 1987, a mãe me entrega um bilhete do pai negociando o reajuste de honorários, em um clima um tanto hostil, e enquanto leio Anna fala aleatoriamente:

Paciente: Como encontrar uma saída... eu sei... esta matemática está me matando... e vamos ver o resultado... etc. e etc.

Analista: Sua preocupação é em como dar continuidade à sua análise, se a matemática do pai e a minha vão dar certo, e se não vão matá-la tirando-lhe as sessões, e que esta realidade a está preocupando, e é real, e por isso se sente pequena, e dependente deste resultado final. Daí você quer ter ideias brilhantes, pensar em extraterrestres (subiu na banqueta esse tempo todo).

Ela então se aproxima da analista com carinho, buscando contato físico, está feliz.

Na sessão seguinte: conversei com o pai, desfez-se a tensão, e entramos num acordo quanto aos honorários. Anna mostrou compreender sua emoção, sua preocupação real, e dispensou suas ideias loucas, seus planos "rocambolescos", as viagens extraterrestres.

Passa a falar do chocolate suíço que ganhou de sua avó quando tinha dois anos, e faz sete anos que não come mais aquele chocolate... e fala dos presentes que recebeu da mãe quando ia para a maternidade, do sapo que ganhou, e que queria muito, e que ontem o pai tentou afastar o sapo colocando-o no relógio de parede, e ela o pediu de volta chorando...

Mostrei-lhe então que ela está cheia de boas recordações, avó boa, mãe boa, e que o pai tentou afastar o bom sapo-analista, mas no final não aconteceu (a tensão pelo reajuste de honorários). Ela se conecta com essa verbalização (ainda está sobre um banco, em que havia subido no início da sessão), quando então fala:

Paciente: Assim sou mais alta que você.

Liga e desliga o interruptor, e por fim coloca sua cabeça dentro da caixa de ludo vazia, até ficar quase toda dentro da caixa, e pede para tampá-la. (Em outra ocasião imaginou entrar no armário embaixo da pia e lá ficar.)

Sessão de 16 de março de 1987

Anna retorna após uma interrupção que durou quinze dias, por mudanças de meu consultório, a paciente, na primeira sessão esperou que eu entrasse antes dela na sala, parou, me olhou, eu fui entrando, enquanto lhe dizia que imaginava que ela tinha alguma novidade que provocava muita emoção.

Analista: Um novo bebê?

Paciente: Tenho uma ideia brilhante, genial, e se eu conseguir pôr em pratica, vou salvar o mundo, mas não posso te dizer, você contaria para os outros ou vai roubar minha ideia.

Passamos um tempo da sessão trabalhando com seu desejo de ter uma ideia melhor, um bebê mais bonito que o meu, como o de sua mãe, seu irmãozinho.

Analista: Você faz isso para não sentir que depende da presença da analista para continuar crescendo.

Paciente: Quero ficar bem alta e forte, do tamanho desta porta, com o pé número 48-50. O da minha mãe é muito pequeno, número 35. Não quero ser como ela, nenhum adulto é de confiança (estava em cima da mesa falando isso tudo).

Comentário

Depender de um objeto em que não se confia, e que se torna mau e perseguidor diante de tantas frustrações, movimenta nela defesas onipotentes, ou mesmo delirantes, que invadem e perturbam sua adaptação à realidade.

Sessão de 18 de maio de 1987

Anna me conta um sonho:

Paciente: Peguei meu carro, um Gol igual ao do meu pai, arrumei um foguete atrás e coloquei no porta-malas, e no foguete um telescópio de bolso, e um monte de coisas para observar o céu. Vieram dois bandidos e pegaram o carro, que andava, mas de repente estava no céu. Digo a eles: "É melhor que vocês parem, se não daqui a alguns minutos vocês estarão a cem mil anos-luz do sistema solar". Estava amarrando o carro e o foguete no céu, por um buraco do teto de minha casa. Quando cheguei, os bandidos estavam no carro, e ameaçaram me matar, eu disse um montão de coisas para eles: de matá-los, de poluí-los, e eles ficaram quietinhos... Saí à procura de ETs Encontrei vários com medo de mim. Fiz amizade e aí... Acabou.

Comentário

Anna chamou de sonho o que na verdade seria uma alucinação, para libertá-la da perseguição de uma realidade interna em que há muita destruição...

Sessão de junho 1987

Sonho:

Paciente: Estava passeando com meus pais e irmão num dos carros do papai: era a perua Caravan cinza de bancos pretos de veludo.

Minha mãe no banco da frente, meu pai guiando, meu irmão comigo no banco de trás, e atrás de todo mundo o porta-malas. De repente uma coisa entra pelo vidro. Era uma bomba-relógio em forma de coração toda vermelha. Eu jogo com força a bomba na frente, ela arrebenta o vidro da frente e cai longe. Meu pai para o carro. Desço do carro. Saio correndo do carro. Aí começa a perseguição dos caras que jogaram a bomba, e querem acabar com o universo. Aí fujo por dentro de um shopping center. Mas eu nem presto atenção nas lojas chiques de brinquedos, de joias. Aí o terrível vento começa a soprar. É um vento que só faz efeito em mim, horrível, faz a velocidade da luz ficar mais lenta que uma lesma, eu tenho que correr contra o vento. Após cinquenta ruas contra este vento, e eu fugindo dos caras que querem me matar até mesmo antes que a bomba exploda... A parada: chego à casa da minha amiga, Vivian. Lá é o lugar mais quieto, sossegado, fresquinho, aconchegante e quentinho, tudo branco, e algumas coisas cinzas, onde fico algum tempo; falo sobre a bomba, e isso, e mais aquilo... E a perseguição continua. Tenho que ir embora. A perseguição recomeça até que eu paro e penso: pra onde eu for vou encontrar caras pondo bombas daquelas na minha frente. Aí eu penso: o mundo, o universo vão explodir, nada mais posso fazer para salvar o universo, ou tornar isso um sonho bom. Tenho que acordar... A despedida: foi triste e úmida. Digo a todos que tenho que acordar e acordo!

Comentário

Sonhos/pesadelos/alucinações – objetos estranhos que a levam a lugares extraterrestres, e de repente bandidos a ameaçam, e a perseguem. Ela tenta salvar o universo... mas nada pode fazer.

Sessão de 22 de junho de 1987

Paciente: Sonhei que a minha mãe, meu pai, meu irmão e eu íamos sair. Aí, meu pai e minha mãe foram assistir a uma ópera. Só que nesta ópera havia um lugar para as crianças brincarem enquanto os pais ficavam assistindo. Droga! Enquanto eles aproveitam, eu tenho que ficar brincando? É, brincando! Só que meu pai falou que ia me levar para a ópera com ele, e minha mãe ia ficar em casa com o peste! Só que eu resolvi assistir à ópera, mas aí estava com um conjunto droga, e despenteada, e todo mundo arrumado cheio de joias, com vestidos chiques... Aí... eu não estava arrumada para a ópera, era criança, e estava brincando. Não posso saber o que se passa na minha casa. A bruxa, a bruxa, ela não deixa... tenho medo da minha mãe, fica parecendo que quer me matar.

Comentário

A luta de Anna é poder ser uma criança que confia no seu objeto bom. Anos de vida no *claustrum,* principalmente na cabeça-peito do objeto interno-mãe, tornaram a vida de relação desta menina bem-dotada possível, em muitos momentos, apenas por processos alucinatórios. A idealização parece lhe servir para a enorme tarefa de reconstruir um mundo interno atacado... Nesta fase dos sonhos, há sinais de certa aceitação de sua dificuldade para realizar esta tarefa se não contar com a ajuda dos seus objetos internos.

Sessões de 3 e 5 de agosto de 1987

Estamos fabricando um bom "grude". Ocupa duas sessões para tal. Tem um líquido para o grude e um líquido para bolha de sabão.

Comentário

Grude: objeto que integra, contém uma "pele" que está sendo ensaiada e fabricada.

Bolha de sabão: objeto que é lúdico, que a faz sonhar, que representa a ilusão da criação.

Sessão de 12 de agosto de 1987

Anna me conta o seguinte sonho:

Paciente: O sonho é assim: estava passeando, e brincando com os sobrinhos do Pato Donald, Biquinho, Margarida, mais sobrinhos, Margarida e a Cíntia na fazenda da minha avó. Andando em precipícios, cachoeiras, barrancos... brincando nestes lugares... Aí queria ir na casa do tio Zé, irmão da mamãe. No caminho o portão estava fechado, tio Zé tem doze banheiros, três cozinhas, e a casa dele é dentro da fazenda da vovó. Via umas pessoas nos carrinhos que andavam sozinhas, deitadas, e cobertas com lençol até o pescoço... e uma bordinha para a pessoa não cair. Perguntei: quero ir lá embaixo, o portão está fechado... como faço? Faço a pergunta para as pessoas deitadas, olhando para estas pessoas deitadas. A pessoa me respondeu: não tem nada lá embaixo. Aí... no começo pensei que era lá embaixo da casa do tio Zé. Mas aí logo afastei esta ideia da cabeça... lá embaixo era do pescoço para baixo... Fui andando para trás do carro e resolvi acordar... (Pesadelo.) Por que eu quis acordar? Porque se não ia ver um buraco nas pessoas, pedaços de pessoas, ou só a cabeça, e mais nada... horrível... Acordei nervosa, sei que era sonho, mas se fosse dormir de novo ia aparecer cabeça pelo quarto todo, no pé de minha cama, é esqueleto... senti o rosto de uma pessoa, senti encostar na meia... Pra variar... estava ventando (zuuuuuuu) lá fora, e sacudia a cortina e tive a impressão de que iam sair as pessoas de trás da cortina... Fui chamar meu pai, eram cinco horas da manhã...

Comentário

Esses sonhos são alucinatórios e persecutórios, indicando o início da formação de uma barreira de contato. Haveria muito a trabalhar, mas os pais, satisfeitos com o resultado obtido até aquele momento e "cansados de trazê-la às sessões", quiseram "interromper para experimentar".

Comentário final

Repensando os comportamentos de Anna, não tenho dúvidas de que possam ter sido originados por traumas ambientais iniciais, provenientes de sua relação com a mãe e com o pai. Parece que a mãe apresentou dificuldades em ser receptiva aos estados emocionais desta bebê: suas ansiedades eram enormes diante de sua função materna e possuía grande insegurança quanto a sua capacidade de estar com a bebê. Acabava adotando as recomendações pediátricas de modo rígido, interrompendo as mamadas olhando no relógio, e vivenciando um mundo cheio de contaminações que ela tinha de afastar da bebê para que não adoecesse!

Vários autores evidenciaram a importância das primeiras experiências emocionais, e o quanto tais experiências podem se tornar traumáticas por interferências ambientais, resultando em falhas na relação de dependência da criança.

Atualmente chega-se a associar tais falhas ou traumas iniciais a estados *borderline* em crianças e adultos: tais personalidades seriam incapazes de representar as emoções, os eventos psíquicos e seus estados mentais por ignorar seu significado.

Voltando a Anna, entendo que houve um trauma na relação inicial com distorções da comunicação emocional mãe-Anna. Neste caso parece se tratar não de uma ausência emocional, mas de uma intrusão de partes conflitivas e confusas da mãe. Essas intrusões foram assimiladas ao *self* da criança, levando a identificações patológicas com um objeto invasivo. Dito de outro modo, Anna foi receptáculo de identificações projetivas maciças da mãe, resultando em estados de confusão quanto à sua identidade.

Acompanhando os movimentos emocionais de Anna nas sessões, *grosso modo*, podemos caracterizar dois tipos de experiências:

1) Aquela em que investe contra a analista, provavelmente buscando uma diferenciação-separação e, então, tentando se livrar "do que não é dela, e sim uma reação dela à intrusão", geralmente ao interromper o encontro.

2) A de estar junto com a analista, que lhe propicia um ambiente idealizado, no qual ela possa sonhar e sentir que ela cria o seio (Winnicott).

Anna em várias sessões apresentou gestos indicando a busca de seu ânus, como um objeto que pudesse mantê-la onipotentemente forte contra perseguidores, maus objetos, e, na transferência, contra a analista naquelas sessões descritas.

Segundo Meltzer, se a personalidade não conseguiu abandonar o uso da identificação projetiva maciça – defesa contra o sofrimento da separação – por não ter estabelecido uma dependência de um objeto parcial que recebe o sofrimento, o seio-toalete, e se esse seio-toalete não foi ainda internalizado, a não disponibilidade de um objeto externo (no caso a analista) capaz de conter tais sofrimentos leva a personalidade de volta para dentro do objeto interno, o *claustrum* (Meltzer, 1992).

Anna estava nesta situação quando os pais interromperam a análise. Estas situações "traumáticas" nas primeiras relações obstruem o caminho para a formação de uma mente simbólica, produto da introjeção, passo a passo, das interações mãe-bebê como segue: o bebê faz identificações projetivas realistas, comunicando seus mal-estares, medo de aniquilamento, a mãe recebe tais identificações projetivas com seu estado de mente de *rêverie* – pensa acerca delas e, com sua função alfa, fornece um significado que é transmitido ao bebê. Este introjeta o significado, e o modelo de mente da mãe (como a mãe recebeu a comunicação, e como buscou um significado ao tentar compreender o estado da criança), e a função alfa da mãe. Desse modo o bebê, ao ter experiências sensoriais e emocionais, pode transformá-las em símbolos pela ação de sua função alfa.

7. Caso Leandro

O homem que tinha pânico de atravessar o rio Tevere, em Roma

No final de julho de 2011, recebo um telefonema de um homem que às vezes gagueja; ele tem uma voz muito triste e pede um horário para uma entrevista.

No dia marcado, ele chega com a mãe, uma mulher com aparência de outra época pela maneira de se vestir, com um penteado estilo "anos 1960". Leandro, assim vou chamá-lo, para justificar a presença da mãe me diz: "sou distraído, não me lembro o que falam nas consultas".

Leandro, com idade por volta dos quarenta anos, é alto, tem boa aparência, fala o italiano sem inflexões dialetais, veste-se de um modo clássico, funcional, sem requinte. Seu comportamento transmite ansiedade, às vezes gagueja, interrompe com irritação a mãe, que tenta contar como vê o sofrimento do filho. O endocrinologista da mãe o encaminhou.

O paciente conta sua história

"Aos quatorze anos tive um grande medo. Estava nadando embaixo da água e, olhando o fundo do mar, vi uma escuridão intensa, e me assustei. Desde então iniciou a minha ansiedade e o meu medo."

Leandro não trabalha, nunca trabalhou, interrompeu os estudos quando foi reprovado no 1º ano científico. O pai, segundo o paciente, há anos deprimido, foi embora de casa porque não suportava a ansiedade do filho.

O paciente acredita que a depressão do pai surgiu após ele ter sido espancado por três homens, quando foi hospitalizado com fraturas e traumatismo craniano. Na opinião de Leandro, "pensavam que fosse outra pessoa". Nesta época Leandro era adolescente. Há cerca de cinco meses, ele está atormentado por uma fantasia persistente, a qual revela o impulso, que lhe parece incontrolável, de se atirar do terraço de sua casa ou das pontes do rio Tevere.

O paciente diz: "Tenho medo de tudo o que posso vir a pensar".

Fala-me de uma lista de medicamentos que toma: antidepressivos, neurolépticos, estabilizadores do humor, ansiolíticos.

Há tempos tem fobia de não conseguir entrar no Centro Histórico de Roma, onde o pai tem uma loja de móveis, um antiquário; seu temor é que possa morrer inesperadamente por um mal-estar súbito.

Não consegue morar sozinho, então de segunda a sexta-feira vive na casa da mãe e no final de semana vai à casa de sua namorada, isso há cinco anos.

Não confia nos psiquiatras, pois há muitos anos prescrevem medicamentos que, nas palavras dele, não o curam. Também acredita que os terapeutas não o compreendem e lhe fazem interpretações absurdas, como a de uma terapeuta comportamental que o estimulava a atravessar as pontes do rio Tevere, das quais tinha medo, e, se ele não aceitasse, ficava brava.

No final da consulta, proponho nos vermos em setembro, após as férias de verão, para decidirmos se vamos iniciar uma análise três vezes por semana ou não. Pensei que, além da sintomatologia obsessiva, pudesse haver um distúrbio narcísico de personalidade.

Na consulta de setembro, Leandro vem acompanhado da namorada e do pai. Penso: por que será que os trouxe?

Leandro inicia imediatamente me falando de seus sintomas, repetindo o que já havia informado em julho. Refere que, segundo seu psiquiatra, essa fantasia de se atirar do terraço ou da ponte pode ter sido reforçada pelo uso de um novo antidepressivo que ele prescreveu. Comenta ainda que, mesmo vindo de carro, pode haver um engarrafamento na travessia da ponte, com risco de sentir o impulso de descer do carro e se jogar no rio.

Leandro olha para o pai e a namorada e, num tom entre aflito e raivoso, me diz: "como posso vir até seu consultório, atravessar a ponte Marconi, geralmente com tanto tráfego?".

Eu respondo que, se ele quiser, posso pedir aos meus colegas com consultório do outro lado do Tevere se algum deles pode atendê-lo em análise.

Leandro não responde ao meu comentário, porém continua falando de seus medos. Diz que fica em pânico se está entre edifícios, árvores altas ou montanhas. Também nos centros comerciais sente ansiedade confusional e irritabilidade. Então, com voz de lamento, diz: "não consigo entrar no Centro Histórico, temo me sentir mal, desmaiar, ter crise de taquicardia".

Aqui considero importante mencionar que meu consultório está situado no meio de todos estes estímulos causadores de pânico aos quais ele se refere.

Eu lhe digo que esse seu temor de se atirar no Tevere talvez lhe impeça de pensar em outras coisas terríveis, ainda mais angustiantes, e que só consegue controlar desse modo.

O pai faz um sinal de estar de acordo com o que eu disse, todavia, continua em silêncio. Por fim não conseguimos combinar três sessões por semana, ele invocando o custo e o pai pedindo para diminuir os honorários. Acordamos duas sessões semanais.

Leandro finalmente informa que o seu médico endocrinologista, além do meu nome, tinha indicado também o nome de outro psiquiatra, o qual ele já até havia consultado antes desse nosso segundo encontro. Leandro comenta que esse psiquiatra o havia diagnosticado com transtorno bipolar e lhe prescreveu terapia farmacológica. Entretanto, Leandro refere ter piorado de seu quadro de ansiedade e voltado ao psiquiatra anterior, que lhe confirmou o transtorno bipolar.

Estabelecemos duas sessões: segundas e quartas-feiras às 11h.

Faz-se necessário destacar que, em sua história, há duas internações em hospital psiquiátrico, porém nunca explicou por que foi internado e o que se passou durante as internações.

Dou início ao atendimento de Leandro, sabendo ter diante de mim alguém que se sente como uma pequena criança e necessita ser cuidado para que sobreviva psiquicamente.

Quando Leandro não recebe as atenções e os cuidados que deseja, logo se sente perseguido e quer se vingar. Para alcançar a realização de seus desejos, comporta-se de modo obsessivo, entretanto, quando frustrado é tomado por ódio.

Eu penso na frase de nosso primeiro encontro "tenho medo de tudo que posso vir a pensar" e isso me leva a ponderar o que irei lhe dizer.

A literatura me avisa das dificuldades que irei encontrar no trabalho com Leandro.

Franco De Masi (2012) lembra que os pacientes borderline não têm capacidade de compreender os estados mentais próprios e dos outros e se mantêm a vida inteira prisioneiros dos efeitos que o trauma produziu em sua psique. O comportamento desses pacientes é repetitivo e impulsivo, dispostos a anular a tensão mais do que compreender as razões dos conflitos. Além disso, os pacientes borderline são demandantes, controladores, manipuladores, ameaçadores e denegridores. Manifestam confusão quanto ao próprio senso de identidade, respostas emotivas contrastantes e uma dificuldade para mostrar um comportamento coerente e organizado.

Giuseppe Martini (2011) assinala que, no paciente borderline, o "eu sou" está em posição marginal: "o borderline está na busca contínua de si, está condenado a se perguntar continuamente: 'quem eu sou?'. E também a se reencontrar somente na descontinuidade dos afetos e das relações" (p. 255).

Desde o início, o paciente fala somente dos seus distúrbios somáticos, de sua fantasia de se atirar ao rio, e de sua falta de confiança nos médicos. Ele espera receber um diagnóstico de seus mal-estares e saber por que tem tanto medo. Mostra-se temeroso de vir sozinho às sessões, de ter que esperar sua hora fora do consultório, pois poderia ter taquicardia, falta de ar, desmaios e episódios de diarreia e também todos iriam perceber que ele está angustiado.

Eu comento que seria mais fácil se ele pudesse chegar com um carro de luxo, guiado por motorista, e descer do carro somente no início da sessão. E que seria prazeroso ele perceber a curiosidade dos passantes, que pensariam ser ele uma pessoa importante.

Esse meu comentário o leva a procurar seu psiquiatra para perguntar-lhe se ele quer de fato ser uma pessoa importante. Ao que o psiquiatra responde que ele não quer isso tudo. E então, o paciente quer me obrigar a telefonar para seu psiquiatra. Eu me nego dizendo-lhe que não preciso falar com seu psiquiatra sobre o que se passa nas sessões.

Os níveis de ansiedade são enormes, mas a gagueira, que no início da sessão está presente, vai diminuindo no decorrer desta. Refere que o pai pede que jogue fora todos os medicamentos e se decida a ficar bem, a não ter medo, e a não fazer a psicoterapia. Segundo o paciente, o pai duvida do que lhe digo na sessão e também duvida do que o psiquiatra lhe prescreve. A cada encontro pergunta o que pode ter acontecido oito meses atrás, quando iniciou o pensamento de se atirar no rio Tevere.

Eu o convido a pensar, lembrar de acontecimentos que possam ter desencadeado o medo. Ele responde que não aconteceu nada.

A namorada não acredita neste nosso trabalho e queria que parasse de vir. O tio da namorada, um neurologista, afirma que a única coisa válida para ele é a terapia com lítio.

Com apenas um mês de análise recebeu um convite para o casamento de uma parente de sua namorada. Frente a esse evento, que se daria ao norte da Itália, nos Alpes, manifestou temor de ir e se sentir mal. Não poderia deixar de comparecer. Ao retornar, após uma semana, não refere mal-estares, mas ao terminar a sessão, já na saída, refere que o neurologista, que também estava no casamento, afirmou que ele precisava tomar o lítio e que a psicoterapia não servia.

Leandro, em cada encontro, me traz sua desconfiança de tudo e todos. Ao término da sessão, sinto um nível de raiva elevado e um enorme cansaço físico.

Comentário

Antonello Correale (2011) comenta como se caracteriza uma sessão com um paciente borderline. Destaca que o analisando se apresenta com conjunto explosivo e devastador de: solidão, desespero, quase um vazio existencial de um lado, e do outro o comportamento de provocação, de invasão e de antagonismo. Facilmente o analista pode se ver capturado por sentimentos opostos, de compaixão, solidariedade, proteção, e de repulsa, defesa ou reprovação.

Tais comportamentos me fazem lembrar o "sabotador interno" de Francesco Gazzillo (2012), em que ele levanta a hipótese de que nesses sujeitos existe uma parte dissociada e infantil do *self*, carregada de dor e raiva, que busca destruir ou sabotar as relações, as aspirações e as realizações sadias próprias e dos outros.

Estas contradições de emoções e pensamentos demonstram que o paciente está preso numa mordaça emocional frequentemente confusa e paralisante. Esse autor propõe que com tais analisandos é preciso trabalhar a "construção constante da confiança".

Estamos no terceiro mês de terapia analítica após as festas natalinas. Cria-se uma turbulência emocional a cada sessão: eu sinto que de repente posso ser engolido por um vórtice, e Leandro também tem medo da minha presença e do que possa aparecer de lembranças.

Sessão de 14 de janeiro de 2012

A um certo momento, Leandro lembra que em 1988, tinha na época vinte anos de idade, talvez tenha tido uma "alucinação". Conta que estava em casa quando ouviu duas crianças, um irmão e uma irmã, que jogavam tênis no quintal do prédio. Ele debruçou-se na janela, mas não as viu, e teve um enorme medo, e agora que está contando está tomado por medo, por meio de gestos me sinaliza que tem algo na pele. Eu penso em arrepios de medo.

Cogito que ele me conta um estado de onipotência em que pensa destruir ou fazer desaparecer os outros. Pergunto-me: por raiva? Vejo-o muito amedrontado e decido não lhe dizer o que pensei, que é se ele já leu sobre alucinações. Permaneço em silêncio.

Em seguida, Leandro me pergunta se tenho alguma "doença cardíaca", porque leu que quem tem o nariz vermelho é cardiopata. Informo-lhe que estou apenas resfriado. Eu devo ter me servido de alcaçuz para ajudar a amenizar minha tosse e provavelmente ofereci a ele também.

Paciente: É verdade que alcaçuz pode me excitar? Porque um médico me disse que alcaçuz excita.

Penso: quer dizer que me excito e quero que ele se excite? Ou então eu ignoro que sou cardiopata e também ignoro o que ele tem? Parece iniciar uma conversação e me comunica sua angústia.

Paciente: Sinto-me confuso e angustiado: o que é confusão?

Conta que estava confuso quando naquela semana acompanhou a mãe em um centro comercial para comprar um sofá. O paciente comenta: "havia muita gente, eu me sentei em um sofá, mas temi que o corante do revestimento em couro do sofá pudesse atacar minha pele".

Em seguida conta que, uma vez, estimulado pela namorada, escondeu em um bolso de seu casacão um jogo de pregadores de roupa. O vigilante percebeu e ele devolveu dizendo ser cleptomaníaco. "Eu não sou", me revelou. Em um misto de raivoso e aborrecido, diz que a namorada o estimula a roubar. Contou depois ao pai, que o chamou de louco...

Eu penso: tenho certeza de que ele conta tudo que eu lhe digo em sessão ao pai, à mãe, à namorada...

Em uma sessão anterior, pediu-me autorização para gravar nossos encontros para que a namorada pudesse escutá-los; eu não aceitei.

Leandro me conta que a namorada queria que o pai viesse para reforçar que ele não poderia faltar às sessões. Eu lhe respondo que é ele que deve decidir se quer ou não vir à sessão.

Paciente: Estou angustiado, faz oito meses que estou pior, o psiquiatra pensa que o novo antidepressivo que me prescreveu provocou o medo de me atirar no rio.

Continua a falar do medo e conta que, no carro entre as montanhas, teve um intenso estado de ansiedade ao fazer o percurso e ver as montanhas que ia percorrendo. Estava assustado pela estrada íngreme com tantas curvas.

Depois disso, o psiquiatra prescreveu uma considerável dose do antipsicótico haloperidol. Relata que, agora, nem mesmo quando está sozinho em casa e fuma o charuto se sente tranquilo.

Paciente: (Com muita angústia.) Quando irei melhorar e quando vai terminar este sofrimento? Talvez eu tenha uma doença neurológica que ainda não descobriram...

Neste período, fala frequentemente da doença neurológica não descoberta e penso que se refere aos médicos que não o entendem ou são negligentes.

Analista: Seu eletroencefalograma foi normal e você não quis fazer a ressonância magnética, então... (Meu silêncio o amedronta e ao terminar esta sessão, já na porta, me diz que falei pouco e isso o ameaça.)

Paciente: Você também vai falar pouco na próxima sessão?

Após a sessão, eu sinto um cansaço físico e mental.

Sessão de 18 janeiro de 2012

Nesta sessão Leandro relata fatos ligados a seus pais. Conta-me que o pai o acompanhou a Fiumicino (porto perto de Roma) e eles atravessaram a passarela de pedestre sobre a bacia. O pai o tem encorajado a não ter medo. Ter atravessado a passarela mostra que com o pai se sente seguro, e não corre mais perigo. Por sua vez, a mãe o tem aconselhado a sair de casa, frequentar uma escola de dança. Após esses comentários, Leandro me pergunta: "por que nove meses atrás estive tão mal?". Eu respondo que devemos descobrir juntos, por meio de suas lembranças que emergem durante a sessão.

O paciente, entre o desconforto e a raiva, fala:

Paciente: Quando estava bem, lia, assistia a TV, programas culturais, saía sozinho... (Pergunta insistentemente.) O medo de me jogar do terraço é uma fixação ou uma obsessão? E o medo que tenho de passar sob grandes árvores e grandes edifícios? Ficarei curado? (Em seguida silencia.)

Eu sinto o efeito das ansiedades de Leandro como se minha sala girasse em volta da terra como uma nave espacial, cogito que essa imagem possa representar estados de mente confusionais e de desamparo do paciente. Penso nos treinamentos militares durante os quais não se deve perder o controle da própria identidade.

Analista: Pense: Há meses você atravessa as pontes sozinho, caminha entre altos edifícios e no meio de avenidas com árvores altas para chegar à sessão, e nunca desmaiou. Vejo-o menos amedrontado e observo que é rara sua gagueira.

Sessão de 23 de janeiro de 2012

Na sessão seguinte está sereno e gentil, comenta que eu preciso prestar atenção ao que lhe digo, pois é facilmente sugestionável e aí fica mal por muito tempo. Comenta que esta noite dormiu pouco, talvez não tenha digerido o que comeu na noite anterior, em um restaurante com um péssimo serviço. Eu penso se este "péssimo serviço" que mencionou se dirige também ao meu...

Eu me pergunto: novamente me sugere que queria ouvir a data de sua cura? Questiona a utilidade dos medicamentos que toma? Estaria assustado com as palavras, alimento que lhe dou com novos sabores?

Pondero que seu conflito gástrico, a intolerância de seu estômago às minhas palavras é uma emoção primordial que se manifesta com engulhos e pequenas regurgitações durante as sessões. Considero que estas emoções arcaicas, uma constelação de sabores, odores e sons, não são narráveis por não conseguir pensá-las, sendo proto-pensamentos que provocam ansiedades.

O pai dele, a namorada e eu não compreendemos seus medos, não o libertamos de seus temores e, ainda, o "sabotador interno" incrementa tal estado.

Narra que a namorada o leva ao cinema, que ele tem medo dos enormes espaços e vê que todos riem no cinema enquanto ele está com medo. Leandro fala de sua preocupação pela diminuição dos medicamentos, pois o psiquiatra o percebeu menos ansioso e fóbico. Porém não há dúvida, ele diz, de que o psiquiatra errou e foi influenciado pelo que o pai falou.

Lembro-me da sessão anterior, na qual ele havia me dito que se sente sozinho, que ninguém entende seu medo, sua dor, e que todos pensam em si mesmos, e uso essas palavras no sentido de espelhar essas percepções. O paciente esboça um sorriso em sua fisionomia carrancuda e comenta: "oito meses atrás eu não tinha estes pensamentos, estes medos".

Amargurado, ele alega que está distraído, esquece de tudo e, ao colocar gasolina no tanque do carro de sua namorada, não percebeu que estava cheio e a gasolina transbordou molhando a carroceria. Ela ficou brava, e aflito me pergunto: "por que sou tão distraído e confuso? Falei pelo telefone com meu pai perguntando-lhe porque erro".

Sessão de 25 de janeiro de 2012

O paciente refere, sem nenhum tipo de emoção, que no último encontro com o psiquiatra, que cuida de sua medicação, este achou que ele havia melhorado com a psicoterapia. Então eu lhe digo que tem medo quando aumenta ou diminui a medicação.

Leandro agora diz que não consegue se concentrar na leitura, que, ao entrar em uma loja para comprar ração para seu gato, não via a hora de sair de lá, não conseguia sequer ler as instruções e nem escutar o que lhe diziam.

Analista: Aqui comigo, tenho a sensação de que me entende quando falo. Reparo que está menos ansioso, gagueja menos. Será que é porque aqui na sessão se sente menos criticado?

Paciente: Todos me julgam negativamente, menos meu o pai, que, ao contrário, é otimista e pensa que os filhos sejam capazes de se livrar de suas angústias.

Refere-se ao otimismo do pai, que acredita que o outro filho, que é alcoólatra, deixará o vício algum dia. Comenta que na noite passada ligou para o pai para ser acalmado e ficaram 45 minutos ao telefone, este é o tempo de duração da minha sessão.

Na saída:

Paciente: Você vê uma melhora em mim, como avalia o psiquiatra?

Pergunto-me se essa questão, formulada pelo paciente na saída da sessão, representaria uma esperança de que eu lhe dissesse algo especial que o acompanhasse em sua solidão.

Sessão de 30 de janeiro de 2012

Nesta e nas sessões seguintes ocorrem crescentes sinais de desconfiança no nosso trabalho, mas antes de verbalizar isso Leandro me prepara: "não fique com raiva, mas a mãe de minha namorada, professora aposentada, disse que os graduados de sua idade não são tão competentes" (refere-se à época entre de 1968-1970, anos da contestação juvenil na Itália).

Ao terminar o encontro, na saída, ele me pergunta que doença ele tem. Respondo que de acordo com esses testes que ele fez, há uma sintomatologia obsessiva-compulsiva.

Após algumas horas, escuto uma mensagem de Leandro, deixada na secretária eletrônica, comunicando que o que eu lhe havia dito, definindo sua patologia, lhe fez muito mal. Afinal: a psicoterapia serve para alguma coisa?

Sessão de 1 de fevereiro de 2012

O pai de Leandro informa que, desde menino, ele precisava ser segurado com firmeza pela mão, do contrário se desvencilhava e ia para o meio da rua, com risco de ser atropelado por um carro.

Quando criança, fugiu da escola maternal e voltou para casa sozinho, onde permaneceu com o porteiro do prédio, esperando os pais voltarem. Outro episódio de fuga ocorreu aos seis anos estando com a mãe e a avó em uma cidadezinha perto de Roma, o pai estava ausente. Todos se mobilizaram para procurá-lo e o encontraram distante do centro em um campo de bocha, e Leandro falou que, na verdade, não queria voltar para casa.

Ainda durante a escola maternal, o menino jogava coisas pela janela e o pai teve de bloquear a abertura das janelas do apartamento. O pai termina informando que Leandro sempre foi agressivo com a mãe, e também criava brigas entre os familiares. O pai complementa informando que Leandro diz que: está sempre mal, mesmo quando está bem.

O pai é tranquilo, mas crítico acerca dos comportamentos do filho e da superproteção da mãe. Não conseguiu concluir um curso de técnico em odontologia. Antes ele praticava esporte subaquático, esquiava nas montanhas e também viajava. Uma vez, ficou durante

24 horas bloqueado pela neve, em uma situação que poderia ser desencadeadora de ansiedade, todavia, não teve qualquer sintoma.

Ato contínuo, o pai narra um episódio que ocorreu há nove meses, acerca de uma briga com a namorada, com agressão física. Este seria o fator, segundo o pai, que teria desencadeado o atual quadro de ansiedade no qual o paciente se encontra. Leandro escuta e desmente tudo que o pai disse. Assim termina o horário.

Comentário

Após esta sessão, fica evidente que a fobia e a obsessividade do paciente são sinais de um sofrimento mental que se arrasta desde a primeira infância.

As perguntas "Por que estou mal?"; "Quando ficarei bem?" atravessam nossos encontros demolindo a possibilidade de pensar em outras coisas.

Após cada sessão, repenso o que se passou, meus erros, minhas emoções, às vezes contraditórias, e tento compreender servindo-me de leituras como a de Bion quando escreve: "o paciente não sabe se estamos ali para recolher informações que iremos utilizar contra ele, ou se ali estamos para ajudá-lo. Frequentemente é difícil para o paciente acreditar que a situação não seja para ultrajar sua própria personalidade" 1976, p. 22). Eu penso que é assim que Leandro vive a relação comigo.

Nas sessões sucessivas comunico uma interrupção do dia 10 a 18 de fevereiro.

Leandro reage protestando:

Paciente: Como vou fazer para me lembrar?

Quando voltamos ao trabalho, ele me diz que eu não interpreto os sonhos e o analista junguiano os interpretava (não lembro de ele ter trazido sonhos nas sessões). Relata que a mãe o levou a um exorcista, na igreja "Escada Santa", teve muito medo, lá lhe disseram coisas terríveis, mas não quis contá-las. Comenta também que uma amiga propôs que fosse consultar um psicólogo e que, nas palavras dela, em sete ou doze sessões iria curá-lo. Tem medo de que eu lhe faça más interpretações, pois caso eu erre ele teme ficar mal.

Analista: Entendo seu medo de ser mal cuidado e está livre para interromper nossos contatos e ir consultar quem você acredita que vai ajudar você a melhorar.

Em uma sessão seguinte, entra sorrindo, estende a mão para me cumprimentar e me diz que um professor, outro psiquiatra que ele consultou, o diagnosticou da mesma forma que eu, ou seja, síndrome obsessiva-compulsiva. Trocou sua medicação e disse a ele que me conhecia.

Comunico-lhe uma nova interrupção por duas semanas, para participar de um congresso no exterior, estendendo o feriado da Páscoa. Ele me olha benévolo:

Paciente: A interrupção não é muito longa?

Ao retornarmos após essa interrupção, me informa que está preocupado pelo aumento da dosagem da medicação prescrita pelo psiquiatra e não consegue atravessar a ponte Garibaldi, perto do centro histórico de Roma, desde que aumentou a dosagem. Refere que em consequência dessa medicação não reconhece mais a sua voz, tem tonturas, transpiração nas mãos e quando se olha no espelho não se reconhece. Emagreceu quatro quilos. Questiona-me se não seria pelo medicamento.

Paciente: O que você acha da minha obsessividade?

Analista: Que nela há um menino que não se sente pensado pelos pais, em função disso, então, deveria decidir enfrentar seus medos e conflitos, todavia, como se sente pequeno, se assusta... Em sua fantasia, parece que, caso você decidisse ser grande, seus pais ficariam velhos e morreriam e você, então, ficaria sozinho.

Pela primeira vez, ao sair da sessão, me diz que eu posso fechar a porta (habitualmente eu espero que desça os sete degraus que levam à saída do prédio para depois fechar a porta).

Sessão de 26 de abril de 2012

Leandro queixa-se que o uso da clomipramina, medicação prescrita pelo psiquiatra, não teve o efeito de diminuir seu medo e me pergunta o porquê, visto que o psiquiatra havia lhe dito que diminuiria. Eu lhe respondo que deve perguntar para seu psiquiatra.

Eu penso que há outros motivos para continuar a ter medos, por exemplo, mediante a cobrança de seus pais para que ele encontre um trabalho. Ele então traz novamente o conteúdo de que oito meses atrás estava bem, podia sair sozinho, ir aos centros comerciais, fazer refeições fora de casa. Comenta que agora quando se alimenta fora de casa se sente mal. E me pergunta: "Por que estou mal?". Acrescenta que nunca esteve bem, há uma continuidade do seu "estar mal". Que desde os quatorze anos sentia-se mal, como me falou nas primeiras entrevistas.

Retomo aquela questão de seu medo ao mergulhar e que o descreva. Ele me conta que não tinha passado de ano e teve que estudar durante o verão, mas se percebia incomodado, sentia aversão para abrir o livro de latim.

Peço para me descrever essa aversão, mas ele não consegue. Leandro fala, então, do mar escuro, dos polvos e do sentir-se estranho.

E que à noite tinha medo de que marcianos viessem raptá-lo. Agora, quando não há nuvens no céu e vê o infinito, ele se assusta.

Eu o conduzo de volta para pensar na abertura do livro de latim e no que ele chama de aversão e proponho que ele pense na cena do filme Homem de Ferro, do Tony Stark, de quando a moça abre a geladeira que não tem fundo, vê uma cena de campo com o céu e se assusta. Continuo a lhe dizer: "será que talvez, ao abrir o livro, você teria vivido uma cena destas? Você teria visto ou pensado em algo que poderia aterrorizá-lo? Abrir o livro seria como abrir a 'jaula dos leões'?".

Leandro me fala então que teve um sonho no qual havia três espécies de gatos com o pelo claro. Em outra ocasião já havia me descrito um sonho com três gatos, mas não se recorda de já tê-lo contado.

Paciente: Por que não lembro, por que falei espécie, por que falo mal? (Está angustiado e gagueja ao me falar. Conta em seguida que adotou um gato do gatil municipal e agora este está na casa de campo.)

Quando estava em uma pequena cidade marítima perto de Roma, aos quatorze anos, passou por um medo intenso na casa da avó. Esta criticava a babá que tomava sol com o peito nu. A babá tinha um namorado implicante que se queixava dos cães dos vizinhos, que latiam muito. O paciente traz recordações do passado, referindo enfado.

Volta então a dizer que antes estava bem, tomava somente algum medicamento pelo medo de ir ao centro histórico. Entretanto, relata que o remédio não surte efeito. Está irritado e diz: "É só ir aos psiquiatras que te receitam medicamentos". Muda de assunto e repentinamente comenta que um psiquiatra lhe disse que comer mais de duas bananas excita.

Avisa que segunda-feira não poderá vir, porque tem uma consulta com um médico especialista. Desloco a sessão para quinta-feira.

Leandro parece preocupado em ter duas sessões seguidas. Eu lhe digo que não vai ter uma indigestão.

Termina a sessão e vai saindo; próximo à porta para e, visivelmente amedrontado, me olha e diz: "Agora o que eu faço?" Estou com medo de passar mal". Eu lhe digo que não sei se vai passar mal ao sair do consultório. Despede-se e desce os poucos degraus que levam à saída do prédio, que dá para a rua.

Eu fico com uma sensação de esgotamento. Penso nesse medo que o paciente tem ao passar pela porta, isso não tinha acontecido até então. Faço associações me lembrando de momentos angustiantes envolvendo seu passado, também de quando lhe falei que abrir o livro representaria abrir a "jaula dos leões".

Edoardo Weiss (1966), a propósito da agorafobia, teoriza haver um comprometimento da sensação do eu corporal diante de um vasto espaço aberto. Eu penso que Leandro teve uma ansiedade agorafóbica durante a sessão, provocada por um amplo espaço de pensamentos propostos por mim, um convite a fantasiar ou imaginar acerca do livro de latim, que não abria por "aversão".

Na sessão o convidei a traduzir a palavra "aversão" usando sinônimos. Talvez, a ir além da barreira da "aversão" e perceber que impulsos não aceitáveis o levaram a tal estado ao atravessar a porta da sessão! Uma indagação fica no ar: o que eu poderia ter feito?

Sessão de 2 de maio de 2012

Leandro chega pontualmente; muito triste, diz: "ando distraído". E conta um fato qualquer que ocorreu em uma sorveteria. Comenta que hoje faz sete meses que iniciou as sessões com o analista, e esse fato foi a namorada que o lembrou.

O paciente refere que sonhou novamente com três gatos e depois teve outro sonho: o pai estava com a cueca abaixada e Leandro ficava atrás dele. Estava com o pênis ereto e pensava em alguma mulher da família, uma prima. Não queria pensar que poderia estar se sentindo excitado por um homem.

Eu lhe pergunto o que ele associou ao sonho e ele me responde sobre outra coisa. Refere o fato de dizerem que ele tem compulsões e esgotamento nervoso. Eu o vejo mais tranquilo, eu também estou tranquilo.

Leandro fala de seus cabelos brancos e do seu envelhecimento. Do dia em que irá ao psicólogo que vai curá-lo em poucas sessões. Eu ressalto sua dificuldade para suportar que o tempo passa e ele não o controla.

Na saída da sessão, me questiona sobre quanto tempo leva a clomipramina para fazer efeito. Eu lhe respondo que a bula indica que são necessárias quatro semanas. Leandro me informa que seu psiquiatra prescreveu essa medicação por seis meses.

Em relação ao sonho, considerei que não há propriamente um chamado à homossexualidade. Parece-me mais uma ofensa, um ato de vingança, de desprezo. Lembro que, nas primeiras entrevistas, me contou que ainda adolescente um rapaz esfregou o pênis nas suas nádegas. Leandro acrescenta um dado sobre um psicanalista com o qual havia se tratado anteriormente: segundo esse profissional, Leandro seria homossexual.

O sonho não estava claro para mim. Contudo, pensei que nas sessões ele me penetrava, com o significado de desprezo, de domínio sobre mim: não aceitou fazer três sessões, mas utilizava o dinheiro para outras psicoterapias, sessões de exorcismo, visitas psiquiátricas...

Sessão de 3 de maio de 2012

Leandro chega muito ansioso; conta que se distraiu ao sacar dinheiro do caixa eletrônico e, ao contar as notas, percebeu cinquenta euros a menos, e não sabe o porquê, talvez tenha digitado de maneira incorreta as teclas que compunham o valor necessário. Após esse relato me paga o honorário devido a menos.

Agora menos ansioso, começa a costumeira ladainha, se vai se curar, se vai diminuir a distração, a perda da memória... Eu proponho falarmos sobre o sonho da sessão passada, pois poderia estar associado à distração.

Ele lembra imediatamente de um sonho que teve: a mãe tirando-lhe um furúnculo das costas, e atrás dele estavam o irmão e o pai que o perturbam... Comenta que era um furúnculo que no hospital não conseguiram tirar. Retoma então a fala da ansiedade, e que no ano passado não estava assim tão mal. Eu lhe digo que deve ter acontecido algo assustador que o perturbou muito.

Paciente: Estou mal desde março de 2011, quando fui ao terraço e pensei em me atirar. Desde então, sinto grande temor. Ontem, ao voltar da sessão, atravessei a ponte com enorme medo.

Ele refere que sua namorada diz que os pais o tratam como uma criancinha. Em seguida, ela pede ao paciente que solicite a minha opinião sobre o comportamento de seus pais. Eu pergunto a Leandro se ele se sente tratado como uma criança pelos pais.

Paciente: Agora não quero falar sobre o assunto. Quero contar que minha namorada notou que nestas semanas nas quais não teve sessão eu não fiquei mal. E ela gostaria de usar o dinheiro gasto com terapia para gastos de casa.

Analista: Que utilidade você sente ao vir às nossas sessões?

Paciente: Ocupo duas manhãs. Vou ficar bom? Li que os tratamentos para o transtorno obsessivo-compulsivo com psicoterapia duram poucos meses.

Analista: Você está com raiva, tem medo de ficar só, sem o apoio dos pais, sem a namorada. Com relação aos seus pais parece haver um conflito, pois se arranja um trabalho perde o apoio deles.

Ressalta ainda que, em relação à sua namorada, esta já não o atrai sexualmente.

Eu me sinto irritado e respondo que, então, com o que gasta nesta análise comigo poderia frequentar uma casa de tolerância ou buscar alguém como companhia. Ele me diz que não lhe interessam as prostitutas nem frequentar academias.

O paciente pergunta então se vai diminuir esta ansiedade, comenta que a noite passada não dormiu e na sequência me questiona: "Será por causa do aumento dos meus cabelos brancos?".

Invoca novamente a fala da namorada e diz que eu estou certo quando digo que ele não quer tomar responsabilidades para si. A namorada também diz que é certo o que está escrito no relatório do psicodiagnóstico de Rorschach.

Paciente: O que me acontece cada dia é como se fosse um sonho, e queria acordar dele.

Sessão de 9 de maio de 2012

Leandro inicia sua sessão perguntando por que está com medo. Exclama: "Faz sete meses que venho aqui e o medo não diminui!".

Eu digo que não me parece ter havido mudanças em sua vida a ponto de diminuir o medo, ou seja, tudo continua como ele não quer.

O paciente não se sente assistido, reclama que ninguém o acompanha até a sessão, não se sente apreciado, parece uma criança assustada, sem a mãe.

Leandro se questiona: "Por que passo mal quando estou nos supermercados? Há um ano não era assim!". Nesse momento, Leandro argumenta que seu psiquiatra lhe informou que o efeito do medicamento leva mais tempo e que também depende do tratamento psicoterápico.

Eu pergunto o que ele entendeu, parecia distraído. O paciente questiona novamente quando vai diminuir seu medo, quando vai melhorar. Eu lhe respondo que não posso saber o que ele chama de melhora, mas nas primeiras entrevistas lhe disse que levaria pelo menos dois anos para haver melhoras. Levo-o a notar que sua desatenção é frequente quando eu falo. E ele concorda.

Situo os fatos no tempo, recordando com ele suas internações psiquiátricas e todas as psicoterapias anteriores que ele começou e interrompeu, portanto, sua perturbação iniciou muito antes de um ano atrás.

Ao se despedir, Leandro pergunta de modo confuso e alterado: "estou suando, por que estou suando?". Eu lhe digo que está com medo e a ansiedade faz suar.

Após algumas horas, Leandro me telefona para dizer que vai interromper. Era sua 38ª sessão.

Reflexões após as 38 sessões

Acredito que o sofrimento mental de Leandro possa ter se originado de traumas relacionais iniciais, ou, segundo Bion, haveria um medo hipotalâmico. Bion, na nota cinco do capítulo 42 do volume "O sonho", diz:

> *O que chamei de medo hipotalâmico, o medo aterrorizante, está ligado a um medo primordial e provavelmente pré-natal. Serão necessários, com os métodos existentes, muitos anos de análise antes que o paciente possa admitir a profundidade do terror. Geralmente o terror é intenso, de tal forma que as formulações verbais são totalmente inadequadas.* (1975/1993, p. 245)

Pensei em Leandro e em sua linguagem corporal. Considerei o quanto eu não o compreendi. Pensei como poderia expressar todas as emoções vividas com Leandro em poucas palavras. Aqui estão:

> *Não segurei firmemente*
> *Como um pai amoroso*
> *Tua mão de menino irrequieto*
> *Em minha mente.*

Creio que o sofrimento mental possa estar ligado a traumas relacionais precoces, às fases pré-verbais do bebê (Mancia, 2004).

Meltzer escreve:

> *A hipótese de Bion, segundo a qual algumas partes infantis podem ser "deixadas para trás" no momento do nascimento, como esquecidas no útero, é confirmada pela experiência com aqueles pacientes cuja vida pré-natal foi complicada por fatores traumáticos, como uma enfermidade da mãe, o infarto da placenta, o nascimento prematuro ou o sofrimento fetal, para citar alguns.* (1993, p. 60)

Comentário resumido de Milton Della Nina por ocasião da apresentação de Giampà em 23 de agosto de 2012 na SBPSP[1]

O texto é muito rico de situações emocionais que se apresentam inicialmente sob forma quase psiquiátrica na fantasia de cura do analisando, mas que será desde o início focalizada por Mario de uma perspectiva psicanalítica.

Os vários autores consultados parecem confirmar o que também Mario encontrou durante os quase nove meses, ou 38 sessões, desta vivência analítica. Colocada a situação descritivamente sob a égide do atendimento de uma pessoa com organização borderline, poderíamos aqui talvez também colaborar com alguma vivência registrada em nosso meio.

Vemos como, no atendimento de Leandro, Mario é submetido todo o tempo a um ataque sobre o vínculo analista-paciente, sustentado tanto pelo mundo interno de seu cliente como por induções familiares. Imperam o ódio e as defesas primitivas, que acabam por sobrecarregar emocionalmente o analista.

Dado o alto grau de oscilação emocional, impulsividade e dificuldades de simbolização presentes nesses pacientes, o analista experimenta fortes emoções que o desgastam. Isso fica muito bem descrito na narrativa de Mario. Ao lado do ódio do analista que disso resulta, acaba por se manifestar frequentemente um alto investimento compensatório e sentimentos de autodepreciação como resultantes do ataque ao vínculo. O ódio do analista, estudado por Winnicott, que se justifica e deve ser reconhecido (como Mario Giampà assinala citando o autor na versão em italiano), pode conduzir a sentimentos

1 Sociedade Brasileira de Psicanálise de São Paulo.

de desistência não apenas do paciente, mas também do analista, que perde sua esperança.

Os elementos comportamentais observados cuidadosamente por Mario Giampà em Leandro vão nos permitindo um acesso a possíveis compreensões de um mundo interno que não pode se manifestar por meio do discurso verbal e da simbolização pouco desenvolvida. Assim, ao lado das questões inerentes à fantasia de cura vão se alinhando elementos, de natureza iminentemente imagética e psicanaliticamente acessíveis, que podem permitir a utilização de modelos na compreensão, mesmo nessas condições insatisfatórias de *setting*.

Assinalo aqui como me parece que essa cuidadosa observação de Mario Giampà, que inclui em sua figuração uma imagem que também remete ao corpo, já nos mostra sua intuitiva captação de como esse "ser" ainda deve transitar de um aprisionamento primitivo para uma colocação "do seu corpo no mundo", o que implica desenvolvimentos por enquanto pouco possíveis, incluindo a "travessia" edípica.

Assim, o trabalho de Mario, além de nos possibilitar a abertura para refletirmos sobre a relação e as "margens" entre psiquiatria e psicanálise, por meio de um atendimento de borderline, também nos instiga a pensar, como também Freud nos propunha estudando os sonhos, a relação existente entre pensamento delirante, alucinose e comunicação imagética pré-metafórica. Diria que, além de nos conduzir a Roma, Giampà também nos conduz a uma janela para os estudos sobre o "inconsciente não recalcado" e suas manifestações.

Com seu relato, fundamentalmente clínico e pleno de experiências e detalhes significativos, Giampà nos convida à reflexão sobre a problemática de nossa prática. Se não resta dúvida ao autor, e gradativamente também a nós, do longo esforço e do sofrimento que essa análise implica, por outro lado, tal como Winnicott encontrava em seus atendimentos de estados-limite, representa uma possibilidade de transformação própria ao analista. Assim também Mario nos expõe generosamente sua experiência, de forma sincera, honesta e revestida de fé no método. Ao assinalar suas dificuldades, não o faz de forma a se recolher em uma área de ocultamento, mas nos convida a compartilhar com ele o manejo de situação tão difícil quanto aberta à investigação.

Comentário de Marisa P. Mélega por ocasião da apresentação de Giampà ao Seminário Eletivo em 2012 na SBPSP

Giampà apresenta um paciente de quarenta anos que há muito tempo sofre com sintomas fóbicos e obsessivos, e que vem sendo tratado por psiquiatras com medicações, buscando diminuir tais sintomas, até que um desses profissionais o encaminhou para este analista.

O pai do paciente descreve o comportamento do filho desde pequeno como uma criança que precisava ser segurada firmemente pela mão, pois do contrário o menino escapava, indo para a rua. Este comportamento de Leandro parece ter sido o primeiro sinal de um sentimento de aprisionamento a um continente não acolhedor: fugir da escola maternal e ir para casa, aguardando na companhia do zelador os pais chegarem, reforça que este fenômeno claustrofóbico estava instalado em sua personalidade.

Posteriormente, a pressão claustrofóbica parece ser aliviada pelo comportamento que ele utiliza de jogar objetos pela janela, a ponto de seu pai bloqueá-las, diante da reclamação dos vizinhos.

Leandro chega aos quatorze anos, enfrentando essas condições mentais, com experiências que evidenciam estados psicóticos, e desde então não conseguiu estudar, e nunca trabalhou. Ao que tudo indica, seu desenvolvimento emocional e simbólico se paralisou ao se ver incapaz de lidar com a realidade das relações externas, frente às quais ficou aterrorizado.

Em seu livro *The Claustrum* (1992/1994), Donald Meltzer descreve uma ampliação do conceito da identificação projetiva (Klein, 1946) – a identificação projetiva intrusiva no objeto interno –, investigação que ele foi desenvolvendo desde seu artigo "A masturbação anal e sua relação com a identificação projetiva" (1966). Ainda nesse livro, Meltzer descreve os compartimentos da mãe interna – o que foi possível pelas suas experiências clínicas, particularmente com o brincar de crianças pequenas e com os sonhos de adultos – e retrata o mundo claustrofóbico vivido em fantasia dentro do corpo materno. Esta conceituação esclarece as situações do borderline no contexto analítico.

Os sintomas atuais de Leandro, o impulso de se atirar das pontes do rio Tevere mostram que ele está vivendo no compartimento retal da geografia da fantasia do corpo da mãe, fantasia esta que promove pânico por estar a um passo da saída da realidade psíquica, a um passo do "não lugar", a um passo de se tornar um esquizofrênico. Há quarenta anos, o paciente está aprisionado em sua vida emocional, sem poder ter experiências emocionais que consigam incrementar sua capacidade simbólica, levando a uma incapacidade de pensar a partir de suas experiências sensoriais e emocionais.

Podemos nos perguntar quanto às origens desta estrutura de Leandro: funções materna e paterna, insuficientes para um bom desenvolvimento emocional? Fatores constitucionais com baixa tolerância à frustração? Dificuldades para introjetar?

É difícil chegar a alguma conclusão... Contudo, é notável o efeito iatrogênico de tantos profissionais de saúde, por não terem tido "ferramentas" para incidir mais profundamente no trabalho com este paciente.

Referências

Bick, E. (1967/1988). A experiência da pele em relações de objetos arcaicas. In E. B. Spillius (Ed.), Melanie Klein Hoje: desenvolvimentos da teoria e da técnica (Vol. 1, pp. 194-200). Imago.

Bick, E. (1986). Considerações adicionais sobre a função da pele nas relações objetais iniciais: descobertas a partir da observação de bebês, integrada à análise de adultos e crianças (p. 10). (Tradução para uso exclusivo dos membros filiados ao Instituto de Psicanálise Durval Marcondes da SBPSP.) Texto original publicado em: British Journal of Psychoterapy, 2(4), 292-299.

Bion, W. R. (1956/1967). Desenvolvimento do pensamento esquizofrênico. In W. R. Bion, Estudos psicanalíticos revisados (pp. 39-44). Imago.

Bion, W. R. (1962/1967). Uma teoria sobre o processo de pensar. In W. R. Bion, Estudos psicanalíticos revisados (pp. 101-109). Imago.

Bion, W. R. (1962/1980). Aprendiendo de la experiencia. Paidós.

Bion, W. R. (1962/1988). Estudos psicanalíticos revisados (3a ed.). Imago.

Bion, W. R. (1965/2004). Transformações: do aprendizado ao crescimento (2a ed.). Imago.

Bion, W. R. (1966). Os elementos da psicanálise. Zahar Editores.

Bion, W. R. (1966/1971). Mudança catastrófica. Jornal de Psicanálise, 6(17), 18-26.

Bion, W. R. (1967/1971). Attacks on linking. In W. R. Bion, Second thoughts (pp. 93-109). Karnac.

Bion, W. R. (1975/1993). Memoria del future:il sogno. Raffaello Cortina.

Bion, W. R. (1978/1984). Discussioni con W. R. Bion: Los Angeles, New York, São Paulo. Loescher Editore.

Brenman, E. (1982/1989). Separação: um problema clínico. In E. M. R. Barros (Org.), Melanie Klein: evoluções (pp. 199-216). Escuta.

Carroll, L. (1865/2000). Aventuras de Alice no país das maravilhas. Zahar.

Correale, A. (2002). O paciente borderline (M. Mélega, Trad.). Palestra proferida em Torino.

Correale, A. (2011). Introduzione. In C. A. Barna & G. Corlito (Eds.), Emergenze borderline: istituzione, gruppo, comunità. Franco Angeli.

Correale, A. (2013/2017). Estado limítrofe e transtorno borderline: diferenças e semelhanças. A difícil questão do núcleo psicótico. Psicanálise, 19(2), 135-149.

Couto, M. (2012). A confissão da leoa. Caminho.

De Masi, F. (2006/2011). Vulnerabilité à la psychose. Éd. d'Ithaque.

De Masi, F. Borderline, un paziente senza inconscio (dattiloscritto).

Fédida, P. (2000). Por onde começa o corpo humano: retorno à regressão. PUF.

Gazzillo, F. (2012). I sabotatori interni: il funzionamento delle organizzazioni patologiche di personalità. Raffaello Cortina.

Giampà, M. (2001). Uma psicanálise ao limite do pensável (M. Mélega, Trad.). Trabalho apresentado em Seminari Multipli della SPI, Bologna.

Green, A. (1988). Sobre a loucura pessoal. Imago.

Heimann, P. (1969). Certas funções da introjeção no início da infância. In J. Riviere (Org.), Os progressos da psicanálise (pp. 136-184). Zahar.

Kernberg, O. F. (2013). Psicoterapia psicodinâmica (pp. 273-302). Artmed.

Klein, M. (1930/1981). Importância da formação dos símbolos no desenvolvimento do ego. In M. Klein, Contribuições à psicanálise (2a ed.). Mestre Jou.

Klein, M. (1946/1969). Notas sobre alguns mecanismos esquizóides. In J. Riviere (Org.), Os progressos da psicanálise (pp. 313-343). Zahar.

Martini, G. (2011). La psicosi e la rappresentazione. Borla.

Mélega, M. P. (1993). Constituição versus ambiente: diálogo decisivo na formação e transformação psíquica. Revista Brasileira de Psicanálise, 27(4), 681-704.

Mélega, M. P. (2008). Redimensionando o papel do rêverie na estruturação psíquica. In M. P. Mélega, & M. C. Sonzogno

(Orgs.), *O olhar e a escuta para compreender a primeira infância* (pp. 309-315). Casa do Psicólogo.

Meltzer, D. (1979). La dimensionalidad como un parametro del funcionamiento mental: su relación con la organización narcisista. In D. Meltzer, Exploración del autismo: um estúdio psicoanalítico (pp. 197-209). Paidós.

Meltzer, D. (1986/1990a). Metapsicologia ampliada: aplicaciones clínicas de las ideas de Bion. Spatia.

Meltzer, D. (1986/1990b). Patrones familiares y educabilidad cultural. In D. Meltzer, Metapsicologia ampliada: aplicaciones clínicas de las ideas de Bion (pp. 175-199). Spatia.

Meltzer, D. (1992). Além da consciência. Revista Brasileira de Psicanálise, XXVI(3), 397-408.

Meltzer, D. (1992/1994). Claustrum. Spatia.

Meltzer, D. (1997). Una nota sobre los proyectos introyectivos. In D. Meltzer, Sinceridad y otros trabajos: obras escogidas de Donald Meltzer (pp. 387-398). Spatia.

Money-Kyrle, R. (1968/1996). Desenvolvimento cognitivo. In D. Meltzer (Ed.), Obra selecionada de Roger Money-Kyrle (pp. 430-447). Casa do Psicólogo.

Money-Kyrle, R. (1977/1996). Sucesso e fracasso na maturação mental. In D. Meltzer (Ed.), Obra selecionada de Roger Money-Kyrle (pp. 411-420). Casa do Psicólogo.

O'Shaughnessy, E. (1992). Psicose: o não pensar num mundo bizarro. In R. Anderson (Org.), *Conferências clínicas sobre Klein e Bion* (pp. 103-116). Imago.

Rosenfeld, H. (1971/1988). Uma contribuição à psicopatologia dos estados psicóticos: a importância da identificação projetiva na estrutura do ego e nas relações de objeto do paciente psicótico. In E. B. Spillius (Ed.), Melanie Klein Hoje: desenvolvimentos da teoria e da técnica (Vol.1). Imago.

Weiss, E. (1966). La formulazione psicodinamica dell'agorafobia. Psiche, 3, 3-17.

Sobre os autores

Alcides de Souza – Psicanalista da Sociedade Brasileira de Psicanálise de São Paulo (SBPSP).

Aparecida Malandrin Andriatte – Psicanalista da Sociedade Brasileira de Psicanálise de São Paulo (SBPSP).

Mario Giampà – Médico psiquiatra pela Accademia Lancisiana di Roma. Membro associado da Sociedade Brasileira de Psicanálise de São Paulo (SBPSP) e Membro associado da Società Psicoanalitica Italiana (SPI).

Marisa Pelella Mélega – Psicanalista e Analista Didata da Sociedade Brasileira de Psicanálise de São Paulo (SBPSP). Autora dos livros: *Imagens oníricas e formas poéticas*, *Psicanálise clínica: novas descobertas, novos conceitos*, *Símbolos em psicanálise: continentes de experiências emocionais.*

Niracema Kuriki – Psicanalista da Sociedade Brasileira de Psicanálise de São Paulo (SBPSP).

Sonia Regina Gazziero – Psicanalista da Sociedade Brasileira de Psicanálise de São Paulo (SBPSP).

GRÁFICA PAYM
Tel. [11] 4392-3344
paym@graficapaym.com.br